E. DUPLESSIX

VERS LA PAIX

DROITS ET DEVOIRS DES NATIONS

PACTE DE PAIX — ARBITRAGE

DÉSARMEMENT

Paris

LIBRAIRIE GUILLAUMIN ET Cie

14, Rue de Richelieu, 14

1903

VERS LA PAIX

RENNES, IMP. FR. SIMON, SUCC[r] DE A. LE ROY

E. DUPLESSIX

VERS LA PAIX

DROITS ET DEVOIRS DES NATIONS
PACTE DE PAIX — ARBITRAGE
DÉSARMEMENT

Paris

LIBRAIRIE GUILLAUMIN ET Cie

14, Rue de Richelieu, 14

1903

SOMMAIRE

PREMIÈRE PARTIE

PRÉAMBULE

I. La paix armée 3

II. L'arbitrage........................ 14

III. La conférence de la Haye.... 26

IV. Causes de l'insuccès relatif de la conférence de la Haye. — Préparation et
orientation d'un nouvel effort en faveur
de l'arbitrage et du désarmement..... 35

DEUXIÈME PARTIE

PROJET DE STATUTS INTERNATIONAUX

I. Droits des nations................... 57

II. Devoirs des nations 64

III. Institution d'un Conseil international.... 68

IV. Pouvoirs du Conseil international........ 71

V. Durée du pacte. — Modifications aux
statuts............................. 73

VI. Dispositions transitoires.............. .. 75

TROISIÈME PARTIE

COMMENTAIRE DES STATUTS

I.   L'idée de patrie   80
II.   De l'indépendance et de l'autonomie des
          nations.....................   92
III.   Des fusions et séparations de peuples..   98
          Des réunions.....................   99
          Des séparations   100
          De la procédure de réunion et de
          séparation   111
IV.   Devoirs des nations.....................   114
V.   L'arbitrage.....................   124
VI.   La réduction des armements.........   134
VII.   Constitution d'un Conseil international.   144
VIII. Attributions et pouvoirs du Conseil in-
          ternational.....................   149
IX.   Dispositions transitoires.........   166

ANNEXES

ANNEXE A. — Projet russe présenté à la conférence de la Haye   171
ANNEXE B. — Texte adopté par la conférence
   de la Haye en matière d'arbitrage.......   181

PREMIÈRE PARTIE

PRÉAMBULE

PREMIÈRE PARTIE

PRÉAMBULE

> « La préface est faite et le
> livre s'achèvera.
>
> « Arthur Desjardins. »

I

LA PAIX ARMÉE

Près d'un demi-siècle de repos avait suivi les longues et sanglantes guerres de l'épopée napoléonienne ; les nations se policaient, les mœurs s'adoucissaient et l'amour de la paix semblait gagner tous les peuples quand, à partir de 1852, une nouvelle période de guerres vient désoler l'Europe.

L'insoluble question d'Orient, la fondation de l'unité de l'Italie et de l'Allemagne et la fièvre

d'expansion qui anime ces deux nations sèment
l'Europe de champs de bataille sur lesquels se
rencontrent tour à tour l'Allemagne, l'Angleterre, l'Autriche, le Danemark, la France, la
Grèce, l'Italie, la Russie et la Turquie.

Trente années s'écoulent pendant lesquelles
les duels entre nations se succèdent. La haine
et les rêves de vengeance envahissent l'âme
des vaincus, tandis que les vainqueurs mécon-
naissant toute idée de modération, d'humanité
et de justice, poursuivent l'accomplissement
de leurs projets avec une sombre et inexorable
résolution ; le *væ victis* devient leur mot
d'ordre et le monde étonné entend proclamer
cet axiome : « la force prime le droit, » axiome
qui caractérise cette période de remaniements
brutaux de la carte d'Europe.

Une telle série de guerres devait avoir pour
conséquence fatale le développement excessif
des armements militaires et cette conséquence
n'a pas manqué de se produire.

Les nations victorieuses ayant peur du lendemain ont éprouvé le besoin de posséder une
armée assez puissante pour les garantir de
tout retour offensif de la part des vaincus. De

leur côté, ceux-ci ont voulu être à même soit de profiter d'un moment favorable pour reconquérir les territoires perdus, soit, tout au moins, de repousser une nouvelle attaque qui aurait pu entraîner leur ruine et leur complet asservissement.

A chaque effort d'un peuple pour accroître sa force militaire a répondu un effort analogue des peuples voisins et les armements suivant une progression constante ont dépassé toute mesure.

Mais, ces efforts soutenus depuis plus de trente ans épuisent les peuples; et il suffit, pour s'en convaincre, de jeter un coup d'œil sur l'existence à laquelle chacun d'eux s'est condamné et sur les charges qu'il a assumées.

A l'heure actuelle, tous les hommes valides qui atteignent leur vingtième année sont obligés de quitter leurs foyers, d'interrompre leurs études et leurs travaux, d'abandonner leurs parents au moment où, cessant d'être à leur charge, ils allaient devenir leurs soutiens, et de passer plusieurs années dans une caserne afin d'apprendre le métier des armes.

A cette multitude de soldats il faut de nombreux officiers; aussi une partie de l'élite intelligente de la nation consacre-t-elle toute son existence à étudier l'art de la guerre et à instruire les générations de recrues qui se succèdent sous ses ordres.

Des ingénieurs et des savants passent leur vie à perfectionner le mécanisme de guerre et des nuées d'ouvriers travaillent dans des usines spéciales et dans les arsenaux de l'État pour fabriquer sans relâche du matériel et des armes.

Nous disons sans relâche, car il n'est pas d'arrêt dans cette course vers la supériorité de l'armement où il faut parfois recommencer dès le lendemain l'œuvre de la veille. De temps en temps des millions de fusils et des milliers de canons sont mis au rebut et remplacés par des armes nouvelles de plus en plus redoutables. On découvre et on perfectionne des poudres qui ne révèlent par aucune fumée la position des tireurs ; on utilise les derniers progrès de la chimie et de la métallurgie pour inventer des explosifs et des projectiles d'une puissance toujours croissante ; on adjoint aux armées des ballons dirigeables. Un jour on construit des navires cuirassés à l'abri des projectiles, le lendemain on invente des canons dont les obus perfectionnés traversent le blindage de ces cuirassés. On augmente l'épaisseur des blindages. En réponse, on construit des torpilleurs pour faire sauter les cuirassés, puis des contre-torpilleurs pour couler les torpilleurs, et enfin, d'invisibles torpilleurs sous-marins destinés à couler tous les navires.

Voyons maintenant quelle est l'influence de cet état de choses sur la richesse nationale.

Comme nous l'avons dit, la préparation à la guerre absorbe dans chaque nation les adultes les plus robustes à l'âge où ils pourraient founir une production intensive pour la richesse nationale et fait d'eux des parasites involontaires ; car non seulement ils ne produisent rien, mais c'est par milliards qu'il faut chiffrer les subsides indispensables pour nourrir et entretenir cette immense armée et ses auxiliaires ainsi que pour créer et renouveler sans cesse son matériel de transport et de combat[1].

1. Extrait d'un article de M. Edmond Thery dans l'*Économiste européen*.

Dépenses d'ordre militaire pour l'Europe entière :
Année 1891.................... 4 milliards 612 millions.
Année 1896.................... 5 milliards 324 millions.
Année 1901, déduction faite

Quant aux citoyens rentrés dans leurs foyers, ils sont tenus de prélever sur le produit de leur labeur tout l'argent nécessaire pour solder ces dépenses. Ils le font avec abnégation, mais, malgré leurs efforts, ils ne peuvent suffire à la tâche ; les gouvernements sont forcés de recourir aux emprunts pour combler le déficit des budgets et faire face aux dépenses extraordinaires ; et la plupart des nations, atteintes d'épuisement financier, s'avancent d'un pas, chaque année, vers le fond de l'impasse fatale où les attendent la faillite et la ruine.

des dépenses extraordinaires
de l'Angleterre dans l'Afrique
du Sud (1 600 millions)........ 6 milliards 275 millions.
 Soit une progression d'un milliard environ tous les cinq ans !

D'après une statistique publiée par M. Lucien Le Foyer, les dépenses pour l'armée, la marine et la dette publique se sont élevées pour les budgets de 1896 et 1897 :
 En France à 63,1 0/0 et en Angleterre à 72,8 0/0 des dépenses totales. Il restait donc seulement pour les frais d'administration de l'État, l'instruction, les travaux publics et autres dépenses productives :
 En France 36,9 0/0 et en Angleterre 27,2 0/0 des dépenses totales !

Une autre statistique publiée dans la *Revue de la paix*, paraissant à Paris, 10, rue Pasquier, apprécie l'intensité de l'effort fourni par chaque nation pour développer sa puissance militaire et constate notamment que la

Pendant ce temps, le développement des œuvres sociales de charité et de prévoyance subit, faute d'argent, un arrêt forcé; la marche ascendante de la civilisation et du progrès moral s'arrête; les bras manquent à la terre; l'industrie et le commerce, surchargés d'impôts, languissent et le découragement envahit les âmes.

Et voilà plus de trente ans que cette situation existe, s'aggrave et devient chaque jour plus intolérable.

Pour être juste, il faut reconnaître que ces armements excessifs ont engendré la paix,

France est, de toutes les nations d'Europe, celle qui supporte de ce chef les plus lourdes charges.

L'armée coûte par an et par tête d'habitant :

Belgique et Suisse....................	7f
Russie.............................	8
Italie	15
Allemagne.........................	16 50
Angleterre.	24 20
France............................	26 50

La proportion des citoyens présents sous les drapeaux se calcule comme suit :

France,	1 soldat par...	59 habitants.	
Allemagne,	1	—	...	89	—
Italie,	1	—	...	115	—
Angleterre,	1	—	...	116	—
Russie,	1	—	...	118	—
Autriche,	1	—	...	121	—

« la paix armée » comme on l'appelle, et que le vieil adage *si vis pacem para bellum* s'est trouvé une fois de plus justifié.

Ce résultat s'explique facilement, car l'appareil guerrier de chaque nation est devenu si formidable que toutes, sans exception, redoutent la guerre et que cette crainte a été pour elles le commencement de la sagesse.

La guerre moderne ne ressemblerait plus à celle des temps passés. Autrefois les chefs d'États armaient seulement une fraction de la population valide et mettaient entre ses mains des armes relativement peu meurtrières ; aussi les guerres pouvaient-elles durer pendant plusieurs années sans porter une atteinte fatale à la vitalité des belligérants. Aujourd'hui tous les hommes valides de vingt à quarante-cinq ans appartiennent à l'armée ; chacun d'eux est porteur, en temps de paix, de son ordre de mobilisation et doit prendre rang sous les drapeaux au premier signal. Ce sont donc les nations tout entières qui seraient appelées à se ruer les unes contre les autres dès le début des hostilités ; et une rencontre générale pourrait entraîner l'anéantissement de la nation vaincue, l'épuisement de la nation victorieuse[1].

On comprend, dans ces conditions, que les peuples les plus téméraires aient modéré leurs élans belliqueux et que les gouvernements aient reculé devant les responsabilités qui leur incomberaient au cas où ils entraîneraient leurs peuples dans des aventures guerrières.

Bien mieux, les gouvernements des grandes nations de l'Europe, se rendant compte du danger que courait chacune d'elles au milieu de voisins redoutables, se sont efforcés de créer des ligues pour le maintien de la paix

1. D'après les statistiques, l'ensemble des armées de la France et de la Russie d'une part, de l'Allemagne, de l'Autriche et de l'Italie d'autre part, s'élèverait en temps de guerre à 18.922.000 hommes. Des spécialistes ont évalué la durée probable d'une guerre entre ces nations à un minimum d'une année. Il n'est pas possible de se rendre compte de l'importance des hécatombes humaines qui résulteraient d'une pareille guerre, mais le chiffre des dépenses directes qu'elle entraînerait a été évalué à 44 milliards par an. Il faut considérer, en outre, que tous les hommes valides de ces cinq grandes nations se trouvant appelés sous les drapeaux, on verrait pendant cette année, les usines fermées, les terres incultes et d'immenses contrées ravagées par le passage et le choc des armées, ce qui amènerait fatalement chez les nations belligérantes la ruine financière, l'anarchie et la famine.

et ils y ont réussi. C'est ainsi que la paix de
l'Europe est actuellement assurée par deux
groupes de nations en armes dont chacune
compte environ, réserves comprises, plus de
huit millions de soldats exercés, prêts à entrer
en campagne.

Mais est-ce une paix véritable que cette
trêve de l'acier qui laisse chaque peuple sous
la menace incessante d'un malentendu ou d'un
incident malheureux desquels peut résulter
une conflagration continentale ; sous la menace
d'une rupture d'équilibre qui ferait désirer à
la coalition la plus puissante d'écraser la plus
faible pour n'avoir plus à compter avec elle ;
sous la menace, enfin, du coup de tête d'un
souverain cherchant dans le prestige d'une
victoire espérée le moyen d'affermir son trône
chancelant, ou préférant voir son peuple courir
les chances d'un duel à mort plutôt que de
s'acheminer sûrement vers la ruine et la
déchéance que lui réserve la paix armée ?

Les armements et les alliances ne constituent donc, en faveur, de la paix, qu'un expédient, et un expédient qui a trop duré. Il faut
essayer autre chose.

Depuis longtemps on y songe, et depuis
longtemps on connaît le remède qui permettrait de lutter efficacement contre le mal dont
se meurt notre vieille Europe. Ce remède,
c'est l'arbitrage.

II

L'ARBITRAGE

L'arbitrage consiste à charger des tiers désintéressés dans le débat de régler amiablement les différends qui peuvent s'élever entre deux ou plusieurs nations.

A première vue la question paraît bien simple, sa solution bien facile à formuler et à mettre en pratique, et cependant voilà un demi-siècle que l'idée hante les esprits et elle commence à peine à revêtir une forme précise ; un demi-siècle que le remède au mal est trouvé et on en est encore à découvrir **son** meilleur mode d'emploi ! La pensée reste confondue quand on est obligé de constater combien lente est l'évolution du progrès en un siècle où l'esprit humain est si cultivé, où les grands génies abondent et où, cependant, les hommes se laissent condamner par l'inepte routine à demeurer sans fin enlisés dans l'ornière, sans avoir ni le bon esprit, ni la volonté d'en sortir.

Mais ainsi va le monde ; souvent un bienfait social désiré par tous ne dépend que d'un trait de plume de législateur, et des générations de juristes et de philosophes usent en vain leurs efforts sans pouvoir l'obtenir.

Avant l'année 1856, l'idée d'arbitrage n'avait donné lieu qu'à des manifestations isolées, éparses dans l'histoire, et dont l'examen est sans intérêt ; mais à partir de cette dernière date, l'arbitrage devient la préoccupation de ceux qui, ayant la charge de conduire les destinées des peuples, voient dans ce procédé un moyen d'éviter la fréquence des guerres. Ils s'efforcent dès lors de le faire entrer dans le domaine de la pratique.

C'est dans les traités conclus entre les diverses nations du globe que nous en trouvons les premières applications, et nous allons rapidement les passer en revue.

Il convient de diviser la seconde moitié du dix-neuvième siècle en deux périodes : la première, qui s'étend de 1856 à 1880, correspond à la série de guerres que nous avons signalée au chapitre précédent. C'était une époque peu favorable pour le développement de l'arbitrage, aussi l'idée qui s'était éveillée au début a-t-elle sommeillé ensuite d'une façon presque ininterrompue.

Nous devons viser tout d'abord le traité de Paris, passé en 1856, entre l'Angleterre, l'Autriche, la France, la Prusse, la Russie, la Sardaigne et la Turquie. Ce traité, qui garantit l'intégrité territoriale de l'empire ottoman, contient la clause suivante :

« S'il survenait entre la Sublime Porte et
« l'une ou plusieurs des autres puissances si-
« gnataires un dissentiment qui menaçât le
« maintien de leurs relations, la Sublime
« Porte, ou chacune des puissances, avant de
« recourir à l'emploi de la force, mettrait les
« autres parties en mesure de prévenir cette
« éventualité par leur action médiatrice. »

C'était un premier et excellent jalon ; mais, nous ne relevons ensuite, pendant vingt-quatre ans, c'est-à-dire jusqu'en 1880, que neuf traités contenant des clauses limitées d'arbitrage ; et nous devons ajouter que ces traités, peu importants, ont été conclus exclusivement entre nations européennes et nations appartenant à d'autres continents.

A partir de 1880, chacune des grandes nations de l'Europe ayant exécuté son programme d'unification et de conquêtes, ou subi celui des autres, les épées rentrent au fourreau, le calme renaît peu à peu, les alliances défensives pour le maintien de la paix s'accentuent et l'idée d'arbitrage tend à reprendre possession des esprits.

Les traités internationaux permettent de constater cette reprise d'une façon très nette ; car, si on consulte les statistiques, on voit que de 1880 à 1899, il a été conclu une cinquantaine de traités et conventions diverses contenant des clauses d'arbitrage obligatoire, et que la moitié d'entre eux ont été passés entre des nations européennes.

Il est vrai que la plupart de ces traités sont de simples traités de commerce et de navigation et que la clause compromissoire qui y est insérée vise seulement les difficultés pouvant naître de l'interprétation ou de l'exécution de ces traités. Le résultat acquis n'en est pas moins de la plus haute importance.

Certains, au contraire, ont au point de vue de l'arbitrage une portée plus étendue et il y a lieu de citer :

1° Divers traités contenant des clauses de médiation ou d'arbitrage, et conclus entre plus de deux puissances, ce qui leur donne un caractère de généralité.

Tels sont : les actes généraux des conférences de Berlin des 26 février 1885 et 26 février 1890, relatives au bassin conventionnel du Congo, l'acte général de la conférence de Bruxelles du 2 juillet 1890, la convention du 4 juillet 1891, entre les nations faisant partie de l'union postale universelle, la convention internationale du 14 octobre 1890 pour le transport des marchandises par chemin de fer.

2° Le traité d'arbitrage permanent passé en 1890 entre les États-Unis et dix-sept républiques du centre et du sud de l'Amérique.

3° Le traité du 5 juillet 1896 entre les Pays-Bas et le Portugal, traité très remarquable en ce sens qu'il contient une clause obligatoire d'arbitrage pour *toutes difficultés* pouvant surgir entre les deux pays, dès lors que ni l'indépendance, ni l'autonomie de ces derniers ne sont en question.

4° Le traité général d'arbitrage du 23 juillet 1898 entre l'Italie et la République Argentine, traité qui a été précédé de dix-huit autres conclus par l'Italie avec diverses nations et contenant des clauses d'arbitrage limitées[1].

Mais ce n'est pas seulement dans les traités que figure le principe de l'arbitrage ; il entre dans le domaine de la pratique, et les arbitrages effectifs deviennent de plus en plus fréquents, ainsi que l'établit le tableau suivant extrait du recueil d'arbitrages de M. H. La Fontaine :

Arbitrages entre nations :

Année 1794 à 1800, nombre des arbitrages...		4
— 1800 à 1820,	—	11
— 1821 à 1840,	—	8
— 1841 à 1860,	—	20
— 1861 à 1880,	—	44
— 1881 à 1900,	—	90
	Total.......	177

1. La nomenclature qui précède, destinée à établir les progrès de l'arbitrage au moment de la Conférence de la Haye, a été arrêtée à la date de cette Conférence (18 mai 1899).

Les causes des conflits soumis à l'arbitrage se classent de la manière suivante :

Contestations de territoires ou différends de frontières 41

Réclamations réciproques ou particulières.. 32

Faits de guerre et fixation de dommages-intérêts dus à leur occasion.................... 19

Créances et dommages-intérêts dus à des particuliers.................................... 14

Destruction, confiscation, rétention de navires, armement de corsaires.................. 12

Arrestations et expulsions arbitraires et voies de fait 10

Prises maritimes............................ 9

Concessions de terres, de chemins de fer et autres.................................... 7

Pêcheries.................................... 5

Dénis de justice............................ 4

Droit de souveraineté, trafic des esclaves, service militaire, monopole, blocus, saisies, abordages, dépenses communes, douanes, confiscations d'armes et de biens, règlements sanitaires, convention consulaire, plébiscite....... 24

TOTAL.. 177

Parmi ces arbitrages il en est de célèbres dans les annales du droit international public ; tels sont : celui dit de l'Alabama en conséquence duquel l'Angleterre dut verser aux

États-Unis une indemnité de 15 millions et demi de dollars; l'arbitrage du maréchal de Mac-Mahon, en 1875, reconnaissant au Portugal la propriété de la baie de Delagoa ; l'arbitrage des pêcheries de la mer de Behring ; la reconnaissance de la souveraineté de l'Espagne sur l'archipel des îles Carolines, consacrée en 1885, après intervention du pape Léon XIII comme médiateur, etc.

Fait à signaler : les sentences arbitrales ainsi rendues ont été, à quelques rares exceptions près, acceptées et spontanément exécutées par les parties intéressées.

Tels sont les résultats pratiques obtenus en matière d'arbitrage.

Si nous nous plaçons maintenant au point de vue théorique, nous constatons qu'un mouvement d'origine plus récente, mais qui devient chaque jour de plus en plus puissant, se forme en faveur des idées de paix, d'arbitrage et de désarmement.

A la date du 1er avril 1903 il existait en Europe et en Amérique cent onze sociétés de paix et certaines d'entre elles, en Allemagne notamment, comptent jusqu'à soixante-dix groupes répartis dans les principales villes du pays où elles ont leur siège. La Perse elle-même possède une société de paix et d'arbitrage.

Toutes ces sociétés se sont fédérées et leurs délégations constituent le Congrès universel de la paix.

Ce congrès se réunit régulièrement chaque année, depuis 1889, dans une ville d'Europe, parfois d'Amérique, et les congressistes y étudient « les moyens d'assurer la paix du « monde en procédant à l'étude et à la dis- « cussion des mesures qui peuvent progressi- « vement substituer entre les nations l'état « juridique à l'état de guerre ou de trève et « finalement rendre possible le désarmement. »

Un bureau permanent du congrès est établi à Berne. Il y centralise tous documents de statistique et autres utiles pour les travaux du congrès et les met obligeamment à la disposition des jurisconsultes et des publicistes.

Presque toutes ces sociétés font paraître des revues périodiques, organisent des conférences, présentent des vœux et des mémoires aux pouvoirs publics et exercent ainsi, par la

parole et par le livre, une propagande constante et très active.

En 1889 se fondait également l'Union Interparlementaire de la paix et de l'arbitrage.

Cette société, composée exclusivement de
membres et d'anciens membres des parlements,
a, comme le congrès de la paix, un bureau
permanent à Berne et une conférence annuelle
qui se tient dans la même ville que le congrès.
Pour donner une idée de son importance il
suffit d'indiquer que la liste des membres de
la dixième conférence interparlementaire, qui
s'est tenue à Paris en 1900, comprenait près
de sept cents membres ou anciens membres
de dix-neuf parlements, dont : 60 députés du
Reichstag et du Landtag allemand, 40 membres du parlement anglais, 70 membres du
parlement français, parmi lesquels MM. Fal-
lières et Deschanel, présidents du Sénat et de
la Chambre des députés, etc.

Depuis cette époque l'importance de l'Union
Interparlementaire va croissant et le groupe
parlementaire français qui en fait partie compte
actuellement plus de cent membres présidés
par M. d'Estournelles de Constant, ancien

délégué plénipotentiaire de France à la Conférence de la Haye.

Comme on le voit, le mouvement que nous signalons s'accentue chaque jour et il n'est pas téméraire de penser que son action déterminera avant peu une telle poussée de l'opinion publique chez tous les peuples, que les gouvernements seront obligés d'en tenir compte et de rechercher, avec une bonne volonté et une résolution qui leur ont fait généralement défaut dans le passé, le moyen d'universaliser et de régler la pratique de l'arbitrage de façon à éviter tout danger de guerre dans l'avenir et aussi celui de mettre fin au système ruineux et intolérable de la paix armée.

C'est à ce mouvement qu'il faut attribuer les résultats déjà acquis et il est à supposer qu'il a dû inspirer et déterminer l'initiative de l'empereur de Russie quand ce souverain a provoqué la réunion de la Conférence de la paix, plus connue sous le nom de Conférence de la Haye.

Cette conférence qui clôt le dix-neuvième siècle et par l'examen de laquelle nous allons terminer ce rapide aperçu historique, constitue la première manifestation collective des gouvernements en faveur de l'arbitrage. Son importance est considérable, aussi comptons-nous la prendre comme base de discussion pour les théories que nous allons exposer.

III

LA CONFÉRENCE DE LA HAYE

Le 12 août 1898, l'empereur de Russie Nicolas II faisait adresser à tous les gouvernements par le comte Mourawieff, son ministre des affaires étrangères, une circulaire aux termes de laquelle il leur proposait de se réunir afin de rechercher les moyens les plus efficaces pour assurer aux peuples une paix durable et mettre un terme au développement progressif des armements militaires.

Vingt-cinq puissances ayant répondu à cet appel, le comte Mourawieff, après avoir sondé les dispositions des principales chancelleries, leur adressa, le 30 décembre 1898, le programme de la Conférence[1].

1. La liste des puissances représentées à la Conférence comprend : l'Allemagne, l'Autriche-Hongrie, la Belgique,

Les délégués des gouvernements adhérents se réunirent à la Haye, le **18** mai **1899** et y poursuivirent leurs travaux jusqu'au **29** juillet suivant [1].

Conformément à son programme, la Conférence avait trois questions principales à étudier. La première avait pour but d'humaniser la guerre et de compléter les prescriptions adoptées par les conférences réunies à Genève en **1864**, à Saint-Pétersbourg en **1868** et à Bruxelles en **1874**.

La Conférence s'est acquittée avec beaucoup de soin et de compétence de cette partie de sa tâche et a produit une œuvre complète et fort utile, mais ce sujet sortant du cadre que nous nous sommes assigné, nous n'en parlons que pour mémoire.

La seconde question avait pour objet de susciter un accord entre les gouvernements

la Bulgarie, la Chine, le Danemark, l'Espagne, les États-Unis d'Amérique, les États-Unis Mexicains, la France, la Grande-Bretagne, la Grèce, l'Italie, le Japon, le Luxembourg, le Monténégro, les Pays-Bas, la Perse, le Portugal, la Roumanie, la Russie, la Serbie, le Siam, la Suède et la Norvège, la Suisse et la Turquie.

1. Lire à la fin de l'ouvrage le texte des propositions russes et le texte adopté par la Conférence.

pour limiter les armements militaires ; mais
ici [les plénipotentiaires se heurtèrent à des
objections et à des difficultés pratiques d'application qui ne leur permirent pas d'aboutir
à une solution, et ils se contentèrent d'émettre
sur ce point capital un simple vœu en faveur
de la réduction des armements [1].

L'arbitrage formait le sujet de la troisième
question. Après de longues et laborieuses discussions, les conférenciers ont adopté le texte
d'une convention qui traite des bons offices et
de la médiation en cas de conflit entre des
puissances, propose l'institution de commissions internationales d'enquête, préconise le
recours à l'arbitrage, organise une cour permanente d'arbitrage siégeant à La Haye, et
règle la procédure devant cette cour.

Une grosse question dominait le débat :

L'arbitrage serait-il obligatoire ou facultatif?

L'empereur de Russie avait bien compris que,
pour parvenir à un résultat décisif, il était nécessaire de rendre l'arbitrage obligatoire ; mais il
avait eu connaissance de l'hésitation de la plu-

---

1. Le texte de ce vœu est rapporté page 136.

part des chancelleries à se lancer dans cet ordre
d'idées. Dans ces conditions il prit un moyen
terme et tenta de faire consacrer le principe de
l'obligation, tout en l'entourant de restrictions
et de limitations de nature à rassurer les diplomates et les gouvernements les plus timorés.

L'article 10 du projet russe[1] limitait en effet
l'arbitrage obligatoire à une série de faits
secondaires, déjà soumis par beaucoup de
nations à la clause compromissoire, et proposait simplement la généralisation d'une stipulation devenue presque de style dans les traités
d'affaires. De cette façon l'adoption du principe obligatoire de l'arbitrage semblait devoir
passer sans difficulté.

D'un autre côté, l'article 11[2] ouvrait habile-
ment une porte d'accès à des conventions plus
étendues, et il était permis d'espérer, qu'une
fois lancés dans cette voie, les gouvernements
auraient adopté peu à peu des clauses générales d'arbitrage, à l'exemple de l'Italie, des
Pays-Bas, du Portugal, du Vénézuéla et des
Républiques américaines.

1. Rapporté ci-après, page 174.
2. Rapporté ci-après, page 176.

Les plénipotentiaires se montrèrent favorables à l'adoption des propositions russes, et la Commission compétente avait déjà rédigé un texte destiné à les consacrer, quand le docteur Zorn, délégué de l'empire allemand, déclara que son gouvernement *n'était pas en état* d'adopter un projet par lequel l'arbitrage serait rendu obligatoire; qu'un tel projet comportait bien des risques, bien des dangers, et qu'avant de confier à un tribunal permanent d'arbitrage obligatoire la mission de juger les différends internationaux, il y avait lieu d'expérimenter un tribunal occasionnel d'arbitrage facultatif et d'étudier les résultats qu'il donnerait.

En présence de l'opposition catégorique et persistante de l'Allemagne, les délégués des autres nations furent d'avis que l'unanimité des voix étant nécessaire pour l'adoption d'une règle de cette importance, il fallait y renoncer.

Repousser le principe obligatoire de l'arbitrage, c'était priver de toute sanction les travaux de la Conférence, et les conférenciers durent, pour l'arbitrage comme pour la limitation des armements, renoncer à tout résultat positif. Ils se contentèrent de donner aux peuples de sages conseils de paix et de modération et d'organiser une cour facultative d'arbitrage pour ceux qui voudraient bien en user.

La proposition de l'empereur de Russie n'a donc pas eu tout le succès qu'elle méritait et le monde a été profondément déçu dans son attente.

Est-ce à dire pour cela que la généreuse initiative du tzar soit restée inutile ? Non certes ; grâce à lui l'arbitrage a fait un grand pas ; les esprits s'y sont habitués ; il est entré plus avant dans le domaine des conceptions politiques et il s'en est fallu de très peu qu'il entrât normalement dans celui de la pratique. Dans ces conditions, les résultats obtenus, si platoniques qu'ils soient, constituent des gages pour l'avenir, et il est permis d'espérer, qu'en choisissant avec soin l'heure et les moyens, un second assaut à l'idée décidera de la victoire.

Un jurisconsulte français éminent, Arthur Desjardins, écrivait dans la *Revue des Deux-Mondes* avant la réunion de la Conférence de la Haye : « Si les puissances ne parviennent « pas à rédiger le code du désarmement, elles

« en pourraient au moins écrire la préface. »
Le lendemain de la Conférence, il ajoutait :
« Eh bien! la préface est faite, le livre s'achè-
« vera. »

L'heure serait-elle venue d'achever le livre?
Nous le pensons.

Quatre années se sont écoulées depuis la
Conférence de la Haye, et l'expérience a suffi-
samment prouvé qu'elle ne saurait comporter
de sérieux résultats pratiques.

Les armements militaires ont continué plus
intenses que jamais et l'on a pu voir une
guerre d'extermination se prolonger pendant
plus de deux ans entre deux peuples civilisés.

Le plus faible a proposé l'arbitrage et im-
ploré la médiation de l'Europe ; le plus fort,
sûr de la victoire finale et résolu à s'emparer
du riche territoire de son adversaire formant
enclave dans son domaine colonial, a refusé
cet arbitrage et fait savoir aux gouvernements
étrangers « qu'il considérerait toute interven-
« tion médiatrice comme un acte peu amical
« de leur part ».

Les puissances neutres ont gardé le silence
et un peuple indépendant, civilisé, doué des

sentiments les plus nobles et les plus élevés, a disparu de la carte du monde !

L'arbitrage facultatif n'est donc qu'un leurre pour les faibles qui mettent en lui leur espoir, puisqu'il est des puissants qui le considèrent comme lettre morte, et ne veulent reconnaître à personne le droit de les juger.

Cet incident malheureux n'arrêtera pas les progrès de l'arbitrage dont la pratique s'imposera de plus en plus ; mais, dans l'état actuel des choses, les puissances n'y auront recours que dans les cas où elles ne souhaiteront pas la guerre et seront désireuses de voir intervenir une solution pacifique. Dans ceux, au contraire, où un gouvernement, s'appuyant sur le consentement exprès ou tacite du peuple, aura résolu d'entreprendre une guerre, ce ne sont pas les objurgations des philosophes et des humanitaires, ni même la menace des flétrissures de l'histoire, qui l'arrêteront sur la pente fatale. Seule, une coalition des autres peuples serait assez puissante pour lui barrer la route ; et c'est pourquoi il n'est pas possible de compter sur l'arbitrage facultatif pour assurer d'une façon absolue la paix générale et pour permettre de songer au désarmement.

Comme conclusion, il faut en revenir à l'arbitrage obligatoire et reprendre sur d'autres bases la Conférence de la Haye.

IV

CAUSES DE L'INSUCCÈS
RELATIF DE LA CONFÉRENCE DE LA HAYE
PRÉPARATION ET ORIENTATION D'UN NOUVEL
EFFORT EN FAVEUR DE L'ARBITRAGE
ET DU DÉSARMEMENT

Avant d'établir un nouveau plan de campagne, il est à propos de rechercher les causes d'insuccès relatif de la Conférence de la Haye et de puiser dans cet examen d'utiles enseignements pour l'avenir.

Les gouvernements, résolus à n'entrer dans la voie de l'arbitrage et du désarmement qu'avec la plus extrême prudence, avaient décidé, d'un commun accord, que la Conférence prendrait comme programme le texte des propositions russes, mais ne pourrait pas s'en écarter; de plus, afin d'éviter le risque d'être moralement engagés au-delà des limites qu'ils s'étaient assignées, ils avaient donné à leurs représentants des instructions secrètes équivalant à un mandat impératif.

Les délégués se trouvèrent donc, au cours de la Conférence, limités par leurs mandats, limités par le programme, privés de toute initiative et de toute liberté d'action. C'est pourquoi on les vit absolument désemparés dès qu'une objection ou une proposition inattendue se faisait jour, et en être réduits à tout instant à réserver leur avis pour se lancer dans d'interminables correspondances avec leurs mandants.

Et ces hommes éminents qui, libres de leurs conceptions, eussent certainement produit une œuvre de haute valeur, voyant qu'ils ne pouvaient négocier par le télégraphe avec leurs vingt-six gouvernements un accord sur les points litigieux, ni parer aux objections présentées en cherchant en dehors du programme limitatif un terrain d'entente, en furent réduits à convenir de leur impuissance et à voiler par

des phrases la faible importance des résultats
acquis [1].

Il est permis de déduire de ces constatations
que la chancellerie russe s'est laissé entraîner
par la louable pensée de voir les peuples bénéficier le plus tôt possible des bienfaits que les
travaux de la Conférence devaient leur assurer
et s'est trop pressée ; qu'en une matière aussi
neuve et aussi délicate il était difficile de créer
d'emblée une œuvre irréprochable et de par-

1. Extrait des procès-verbaux de la Conférence de la
paix. — Séance de la commission plénière du 30 juin 1899.

M. le baron de Bildt, premier délégué de Suède et de
Norvège :

« Nous n'avons donc pu donner notre voix à la pro-
« position russe relative à la limitation des armements
« et je constate ce fait avec un sincère regret, je dirais
« plus, avec une sincère douleur. Car, Messieurs, nous
« allons terminer nos travaux en nous apercevant que
« nous avons été mis en face d'un des plus importants
« problèmes du siècle et que nous avons fait bien peu
« de chose pour le resoudre.

« Il ne faut pas nous faire d'illusions.

« Quand les résultats de nos délibérations seront
« connus, il s'élèvera, en dépit de tout ce qui aura été
« fait pour l'arbitrage, la croix rouge, etc..., un grand
« cri : ce n'est pas assez !

« Et ce cri : « ce n'est pas assez », la plupart de nous,
« dans nos consciences, nous lui donnerons raison.
« Notre conscience nous dira aussi, pour nous consoler,
« que nous avons fait notre devoir **puisque nous avons**
« **fidèlement suivi nos instructions.** »

venir à un accord universel dès la première
réunion ; et qu'au lieu de convoquer tout d'a-
bord des plénipotentiaires avec mandat d'élaborer et d'approuver séance tenante l'œuvre
définitive, il eût été préférable de prier des
savants et des jurisconsultes, dégagés de tout
mandat et de toute attache officielle, de préparer un avant-projet.

Cet avant-projet librement conçu, discuté et
rédigé par des hommes du plus haut mérite,
au courant des aspirations et des vues de tous
les intéressés, eût certainement constitué une
œuvre de premier ordre. Les gouvernements
l'auraient étudié à leur tour, auraient échangé
leurs impressions et, lors de la conférence
définitive, les plénipotentiaires ne se seraient
plus heurtés à des questions neuves, ni à des
objections imprévues.

L'entente eût été beaucoup plus facile et on
aurait ainsi évité les froissements inséparables
de tout désaccord et la mauvaise impression
d'un échec qui a eu pour résultat quatre ans
de silence et d'inaction.

On aurait tort, néanmoins, de s'abandonner
au découragement, et l'heure est venue de se

remettre au travail avec résolution en mettant à profit l'expérience acquise.

Avant d'élaborer un nouveau programme, il ne suffit pas d'examiner les questions de procédure, ainsi que nous venons de le faire, il faut aborder le fond de la question et déterminer rationnellement les bases du nouvel édifice.

D'abord, avant d'instituer une cour d'arbitrage et de nommer des juges, il s'agit de faire des lois.

Jusqu'ici le droit international public n'a pas été un droit écrit. Il existe, il est vrai, entre les nations, des traités diplomatiques qui constituent de véritables liens juridiques, mais ces traités sont incomplets en ce sens qu'ils traitent uniquement certains points de détail des rapports internationaux; et disparates, attendu qu'ils varient de peuple à peuple. Ils ne constituent donc pas une loi générale.

Il y a bien aussi ce qu'on appelle le droit des gens, sorte de vague théorie consacrée, jusqu'à un certain point, par les usages diplomatiques et les enseignements universitaires; mais, sauf en ce qui concerne les lois de la guerre et certaines réglementations sans importance, les gouvernements n'ont jamais procédé à une entente générale et n'ont jamais abordé l'étude des principes généraux du droit des nations, ni les graves problèmes que cette étude soulève.

Eh bien, ce droit resté à l'état de droit naturel et coutumier, de formation juridique inachevée, il faut l'écrire, le codifier, le faire accepter par les nations et, cela fait, il sera temps de nommer des juges.

Procéder autrement serait rendre l'arbitrage obligatoire impossible, car on ne saurait exiger des nations l'observation de lois qui n'existent pas, ni leur demander de confier leurs destinées à des arbitres qui, en siégeant, auraient la double qualité de législateurs et de juges, qui, par suite, imagineraient la loi de répression une fois la faute commise et qui, n'étant pas arrêtés par des bornes légales, ni guidés par des règles fixes, auraient une jurisprudence capricieuse et pourraient léser d'une façon inattendue les droits intangibles des justiciables.

Dans ces conditions, on ne saurait reprocher à l'Allemagne d'avoir refusé, en l'absence des lois que nous éclamons, de s'engager dans les liens de l'arbitrage obligatoire.

Supposons maintenant ces lois faites et acceptées, le principe obligatoire et général de l'arbitrage reconnu, une cour d'arbitrage organisée, la logique nous conduit à rechercher une sanction destinée à assurer le respect de la loi et l'exécution des sentences arbitrales.

Cette sanction nous la trouvons dans l'établissement d'un pacte loyal aux termes duquel les peuples se garantiront réciproquement leur indépendance et leur autonomie, prendront l'engagement de soumettre tous leurs différends à l'arbitrage et s'obligeront à coopérer à toutes les mesures ayant pour but l'observation de la loi commune et l'exécution des sentences de la cour d'arbitrage.

Reste la question de la réduction des armements. Il semble que l'entente sera bien facile sur ce point, puisque les armées de combat deviendront inutiles quand l'indépendance, l'autonomie et le respect des droits de chaque nation seront garantis par un pacte international.

Tel est notre programme. Il est, comme on voit, beaucoup plus vaste que celui qui a été traité par la Conférence de la Haye, mais il est à notre avis irréductible, car en lui tout s'enchaîne d'une façon nécessaire, et supprimer un des termes de la proposition serait vouloir courir à un nouvel et fatal échec.

Et ce programme il faut qu'il s'accomplisse, attendu que nous ne pouvons plus longtemps piétiner sur place. Jusqu'ici les amis de la paix ont cru devoir limiter leurs efforts à inciter les gouvernements à recourir d'eux-mêmes à l'arbitrage et à introduire des clauses d'arbitrage dans les traités. Dans le principe ils ont eu pleinement raison, car nul ne croyait alors au règne de la paix et il fallait amener progressivement les esprits à cette conception jadis considérée comme absolument utopique, mais cette préparation des esprits semble maintenant suffisante pour qu'il soit possible de reprendre la marche en avant. Il faut bien convenir que l'arbitrage facultatif n'assurera jamais une paix certaine, que si la paix n'est pas certaine il est inutile de songer au désarmement et qu'il faut considérer l'arbitrage facultatif comme un procédé d'attente et non comme un moyen final. Aujourd'hui, l'heure devient pressante et le moment nous semble venu de brusquer les événements, car nous sommes acculés au dilemme suivant : adopter l'arbitrage obligatoire avec accord international et sanctions effectives sans lesquels il n'est pas de paix certaine, ni de désarmement possible, ou rester dans le *statu quo* et laisser succomber l'Europe, écrasée et ruinée par le poids de la paix armée ou anéantie par une guerre générale.

Il s'agit d'une question de vie ou de mort et la solution en est si urgente qu'elle ne saurait être différée.

Nous devons examiner maintenant si notre théorie est pratiquement réalisable.

Il n'est pas douteux que si les peuples et les gouvernements y mettent de la bonne volonté et de la persévérance il leur sera facile de la mettre à exécution ; toutefois l'échec de la Conférence de la Haye a pu jeter un certain scepticisme dans les esprits et nous ne serons nullement surpris si ce nouveau programme reçoit un accueil froid et est volontiers qualifié d'utopie.

Un reproche de ce genre n'est pas un argument et ne saurait nous arrêter. Est-ce que les libertés dont nous jouissons, les découvertes scientifiques et les progrès moraux dont nous bénéficions actuellement n'ont pas été d'abord insoupçonnés, puis taxés d'utopies avant de devenir de banales réalités. La marche du progrès est lente et intermittente, mais elle est sûre ; nous devons la soutenir et la guider de toutes nos forces avec la conviction raisonnée que, d'après la loi du progrès, le droit et la justice sont appelés à régir les rapports internationaux comme ils régissent dès maintenant les rapports internes des citoyens dans les États civilisés et qu'un jour viendra où l'utopie d'aujourd'hui deviendra un fait acquis dans l'histoire des peuples.

Laissons donc rêver ceux qui nous traitent d'utopistes et contentons-nous de rappeler cette parole de Frédéric Passy : « Le progrès n'est « autre chose que la série des utopies réalisées « et ce qu'il y a de plus pratique en ce monde « c'est de travailler à réaliser des utopies. »

Admettons, d'ailleurs, pour un instant, que malgré le mouvement considérable d'opinion que nous signalons en faveur des idées de paix et d'arbitrage, le moment ne soit pas encore venu où le règne du droit et de la justice doit se substituer à celui de la force brutale; où l'axiome barbare « La force prime le droit » ne sera plus qu'un mauvais songe du passé; mais ne sommes-nous pas dans notre rôle en devançant ce moment?

A la différence de l'historien qui retrace tels quels les faits du passé, le philosophe aide et dirige l'évolution de la pensée et prépare l'histoire de l'avenir. Par suite, la mission du philosophe et du jurisconsulte consiste à devancer l'heure de l'histoire, à définir et marquer le but à atteindre et à tracer la voie qui y conduit, afin d'épargner les tâtonnements, les erreurs de route et les retards aux générations qui les ont acceptés pour guides. Ne craignons donc pas de devancer le progrès afin d'accélérer sa marche et si, dans une mesure quelconque, nous réussissons à obtenir ce résultat, nous serons amplement payé de nos peines.

Mais si nous sommes convaincu que notre programme est réalisable et se réalisera, nous devons convenir que sa mise en pratique est délicate et qu'il y a lieu de s'ingénier à employer les moyens les plus favorables pour assurer sa réussite.

Y a-t-il lieu, dans ce but, d'inciter le chef d'un État à prendre dès maintenant l'initiative d'une nouvelle étude de la question ?

Ce n'est pas notre avis. Les autres chefs d'États invités à la Conférence envieraient, sans doute, le rôle prééminent réservé au champion de l'idée et plus d'un se prêterait peut-être de mauvaise grâce à préparer le succès d'un rival. Il faut compter aussi avec la folie des grandeurs qui hante certains gouvernements sans cesse préoccupés d'expansion et d'impérialisme ; avec le rêve que caressent volontiers les souverains et les grands maîtres de la politique de se préparer un règne brillant ou une belle page dans l'histoire. Tous ceux-là s'accommodent mal d'avoir à compter avec des lois trop sages et des pactes de paix.

Il faut songer en outre qu'en procédant ainsi les chancelleries seraient naturellement chargées d'élaborer un nouveau projet ; or nous croyons que leur intervention initiale serait malheureuse.

Par nécessité et par tradition les hommes d'État et les diplomates sont si réservés et si prudents qu'ils ne savent pas oser et préfèrent généralement le *statu quo* à toute innovation. Les résultats de la Conférence de la Haye en sont la preuve.

Si nous craignons l'initiative primordiale des gouvernements, nous n'avons plus d'autre ressource que de nous adresser aux peuples.

D'ailleurs, ce sont les peuples qui souffrent et peinent dans l'arène où les ont jetés les gouvernements, ce sont eux qui sont les acteurs du drame et ils ont bien le droit de faire entendre leur voix, disons plus, d'exprimer leur volonté.

Puis, entre eux et nous l'entente sera plus facile. L'âme d'un peuple n'est pas subtile et compliquée comme celle d'un diplomate, elle a une compréhension des choses plus simple, plus large, plus droite, une volonté de réussir qui ne s'attarde pas à d'insignifiants détails de forme, qui va droit au but et qui sait s'imposer.

Mais, dira-t-on, comment les peuples ont-ils assisté impassibles à l'échec pratique de la Conférence de la Haye, comment n'ont-ils pas élevé la voix pour protester?

L'explication de leur silence est facile. Les peuples forment des collectivités trop nombreuses pour être aptes à transformer eux-mêmes leurs aspirations en projets réalisables et ils se reposent de ce soin sur leurs gouvernements. Aussi ces peuples, dont chaque individu n'a pu connaître en détails les travaux de la Conférence, ont-ils été amenés à penser que si les gouvernements réunis des principales nations du globe n'avaient pu trouver un remède au mal, c'est qu'il n'en existait pas, c'est que toute entente était impossible. Alors stoïques et admirables ils ont repris le collier de misère, résolus à soutenir le plus longtemps possible, pour le salut de la patrie, l'effort qui les brise.

Mais le jour où ces peuples verront leurs désirs prendre une forme réalisable et le but à atteindre devenir tangible pour eux, leur impatience se manifestera et, sous la pression irrésistible de leur volonté, les gouvernements, renonçant à leurs hésitations passées, s'empresseront de signer le pacte de paix.

Voilà pourquoi nous avons écrit ce livre destiné à permettre aux peuples de transformer leurs vagues aspirations en un programme nettement déterminé et à les guider dans la voie à suivre pour aboutir au résultat tant rêvé.

Nous l'avons divisé en trois parties :

La première se compose du présent préambule contenant l'historique de l'arbitrage et l'étude des voies et moyens les plus favorables pour tenter avec succès un nouvel effort en faveur de l'arbitrage et du désarmement.

La seconde contient, sous forme de statuts, le texte d'un projet de pacte international contenant l'énonciation, en termes généraux, des droits et devoirs des peuples dans leurs rapports extérieurs ; un engagement collectif d'en assurer le libre exercice et l'observation, de soumettre tous conflits à l'arbitrage obligatoire ; puis, comme conséquence subsidiaire, l'obligation de réduire les armements.

La troisième partie contient un bref commentaire des clauses insérées au projet de statuts.

Avant de clore ce chapitre nous désirons répondre au reproche qui nous sera vraisemblablement fait de présenter un projet incomplet et imparfait.

Si ce projet est incomplet, c'est que nous l'avons voulu ainsi. Dès lors que nous nous adressons directement aux peuples, il serait maladroit de leur présenter un traité en plusieurs volumes dont la lecture et la compréhension ne seraient pas à la portée de tous les citoyens.

C'est pourquoi, procédant dans le même ordre d'idées que la Convention française, lorsqu'à la date du 3 septembre 1791 elle inscrivait en tête des lois qu'elle préparait la déclaration des droits de l'homme et du citoyen, nous avons résumé dans une brève formule, pour le frontispice du code international, la déclaration des droits des nations en la faisant suivre des règles générales que les peuples devront observer dans leurs rapports réciproques.

De cette façon nous avons pu établir un document bref et substantiel dont une rapide lecture permet de saisir le sens et la portée, mais qui, dans notre pensée, forme seulement le thème à développer lorsqu'on en viendra à préparer les mesures d'exécution. Si d'ailleurs nous demandons que les peuples prennent l'initiative du mouvement, nous demandons aussi que le jour où ils auront assuré par leur intervention la réussite du projet, les chancelleries reprennent sur les nouvelles bases indiquées la Conférence de la Haye et établissent avec l'autorité et la compétence qui leur appartiennent toutes les règles de détail du code international.

D'autres nous reprocheront peut-être d'avoir inséré dans les statuts certaines réglementations trop détaillées.

Il peut sembler anormal, en effet, que des chapitres de droit international soient simplement indiqués par leurs titres dans notre travail[1], tandis que d'autres questions y sont l'objet d'une réglementation presque minutieuse.

En procédant ainsi nous avons voulu simplifier et éviter tout encombrement de matériaux inutiles.

Certaines questions ont été l'objet d'études approfondies et d'accords internationaux à peu près unanimes. Tels sont, par exemple, les droits et obligations des belligérants et des

----

1. Voir : *Devoirs des nations*, § 11, page 64.

neutres, les signaux et manœuvres destinés à prévenir les collisions en mer, les droits et immunités des agents diplomatiques, etc. Il nous a paru inutile d'amplifier notre travail, tout d'actualité, en y insérant de longues compilations sur ces sujets.

Mais il était nécessaire, à notre avis, de traiter avec détail d'autres questions entièrement neuves abordées par nous, telles que : la garantie de l'indépendance des nations, les réunions et divisions de peuples, l'organisation et le fonctionnement d'un conseil international.

Il ne suffit point, en pareil cas, d'esquisser des idées nouvelles et de les livrer au public sous une forme vague en laissant dans l'ombre les procédés d'application ; il faut préciser le tout, afin que la critique y trouve une base de discussion et d'appréciation et puisse se prononcer en parfaite connaissance de cause.

Nous répétons, d'ailleurs, que nous avons voulu faire, non pas une œuvre complète et définitive, mais un travail préparatoire destiné à réveiller l'idée d'arbitrage et à signaler à ceux qui s'en occupent une voie nouvelle qui nous paraît moins étroite et plus favorable.

Cela fait nous abandonnons bien volontiers notre essai à ceux qui seront à même de le perfectionner et de servir mieux que nous la cause de l'humanité.

Et maintenant que notre part de travail est faite, la parole est aux peuples.

Que les philosophes, les jurisconsultes, les savants s'emparent de l'idée et lui donnent la forme et la valeur qui lui conviennent ;

Que les congrès et les réunions publiques s'assemblent dans le monde entier, étudient la question, la vulgarisent et présentent aux pouvoirs publics des vœux et des résolutions pour la faire aboutir ;

Que la Presse, qui est la voix des peuples, s'assigne la noble tâche de faire triompher leur cause ;

Que toutes ces forces et toutes ces bonnes volontés s'unissent et luttent avec persévérance ;

Et l'œuvre de paix s'accomplira !

DEUXIÈME PARTIE

PROJET DE STATUTS INTERNATIONAUX

DEUXIÈME PARTIE

PROJET DE STATUTS INTERNATIONAUX

I

DROITS DES NATIONS

I

L'idée de patrie est nécessaire et ineffaçable chez les peuples civilisés.

II

L'indépendance et l'autonomie d'une nation sont des droits inviolables.

En conséquence, chaque nation est seule juge du régime et des principes politiques, juridiques, économiques et religieux qu'il lui convient d'adopter ou de proscrire sur son territoire et nulle autre n'a le droit de s'immiscer dans sa vie intérieure.

Toutefois, dans l'intérêt supérieur de la civilisation, le Conseil international institué ci-après a le droit d'intervenir chez les peuples qui toléreraient ou ne sauraient pas réprimer l'esclavage, les tortures ou les massacres humains.

Les mesures prises par le Conseil pour mettre fin à ces pratiques barbares doivent avoir un caractère international et ne peuvent porter atteinte à l'indépendance de la nation objet de l'intervention.

Également dans un but de civilisation et d'humanité, le Conseil peut autoriser une nation ayant des intérêts territoriaux voisins à annexer ou à prendre sous son protectorat des pays occupés par des peuplades privées de l'organisation suffisante pour assurer la sécurité des personnes et des biens sur leur territoire et l'observation des règles internationales.

III

Deux nations distinctes peuvent se fondre en une seule. _______

Une colonie peut se séparer de la mère patrie. _______

Une île, un État, une province peuvent se séparer de la confédération ou de l'État dont ils font partie intégrante.

Une île ne peut être admise à l'autonomie que si elle compte au moins deux millions d'habitants.

Le Conseil a cependant la faculté, quand il le juge à propos, d'accorder l'autonomie aux îles, archipels ou groupes d'archipels, même quand leur ensemble ne réunit pas une population minimum de deux millions d'habitants, si, en raison de leur éloignement d'un continent, ces îles se trouvent naturellement appelées à former un groupement distinct des autres nationalités.

Les colonies continentales, ainsi que les provinces ou états continentaux faisant partie intégrante d'une nation qui demandent l'autonomie, n'y ont droit que s'ils réunissent isolément, ou avec les territoires contigus devant fusionner avec eux, soit une population minimum de dix millions d'habitants, soit une superficie minimum de deux cent mille kilomètres carrés [1].

---

1. Cette surface représente à peu près celle de la partie continentale de l'Italie qui compte 236.000 kilom. carrés.

Le détachement des îles ou territoires continentaux qui ne réunissent pas les conditions voulues pour obtenir l'autonomie ne sera autorisé qu'en échange de leur fusion avec une autre nation ou avec une colonie d'une autre nation. En ce qui concerne les territoires continentaux, cette fusion ne pourra avoir lieu qu'avec une nation ou une colonie limitrophes.

Le détachement des îles ou territoires continentaux n'est admis que si par eux-mêmes ou par le fait de leur réunion à un autre pays ils offrent toutes garanties de civilisation et de bonne administration.

———

Aucune réunion ou séparation ne peut être prononcée qu'après l'accomplissement des formalités suivantes :

Elle doit être l'objet d'une pétition signée : en cas de réunion, du quart au moins des électeurs des deux pays dont la réunion est projetée ; et, en cas de séparation, du quart au moins des électeurs du pays demandant son détachement;

Si une proposition de réunion ou de séparation a échoué, aucune demande semblable ne peut être présentée avant l'expiration d'un délai de dix ans.

Quand une pétition contenant une demande de réunion ou de séparation est revêtue des signatures nécessaires, elle est transmise au Conseil international qui apprécie souverainement sa régularité dans le fond et dans la forme, et autorise, s'il y a lieu, la consultation du suffrage universel.

La proposition est soumise au suffrage universel des citoyens du territoire qui demande l'autonomie ou, dans tous les cas de réunion, aux citoyens des deux territoires appelés à fusionner.

La décision doit être prise à la majorité des trois quarts des voix des citoyens inscrits sur les listes spécialement établies pour cette consultation. Ces listes comprennent tous les citoyens mâles et majeurs de vingt et un ans. Dans les colonies et pays de protectorat elles comprennent, en outre, avec les mêmes conditions d'âge et de sexe, les indigènes et les fils d'étrangers nés dans le pays et y ayant conservé leur domicile, même au cas où ces indigènes et fils d'étrangers ne seraient pas admis par les lois du pays à jouir des droits civils et politiques. Les individus condamnés pour crimes et délits de droit commun peuvent être rayés sur ces listes.

En cas de réunion, le referendum se prononce à la même majorité sur le point de savoir si l'une des deux nations doit adopter le régime ou les lois de l'autre ou si une constitution nouvelle doit les régir en commun.

Dans ce dernier cas un exemplaire imprimé du projet de constitution nouvelle est déposé, pendant les trois mois qui précèdent le vote, dans la maison commune de chaque circonscription administrative des deux nations et mis à la disposition du public.

S'il est proposé que l'une des nations doive adopter le régime et les lois de l'autre, un exemplaire imprimé de la constitution et des lois de la nation destinée à absorber l'autre doit être porté à la connaissance de cette dernière de la même façon et pendant le même délai.

Pareille publicité est donnée, chez les deux nations, à un tableau contenant, pour chacune d'elles, le total de sa dette publique et le chiffre moyen annuel d'impôts payé par chaque habitant pendant les cinq dernières années.

———

En cas de réunion, tous engagements pris par les gouvernements à l'intérieur et à l'extérieur sont maintenus et pris en charge par les peuples réunis.

En cas de division, les engagements de cette nature sont supportés dans la proportion du nombre des habitants de chaque fraction devenue divise.

———

Le Conseil international préside aux opérations qui précèdent et est seul juge de leur régularité dans le fond et dans la forme.

II

DEVOIRS DES NATIONS

I

Toutes les nations doivent s'unir pour faire régner la paix entre elles, garantir leur indépendance et leur autonomie respectives et assurer l'obéissance à la loi commune et l'exécution des sentences arbitrales du Conseil international.

II

Dans leurs rapports réciproques les nations doivent :

Accueillir et protéger les étrangers qui se conforment aux lois du pays où ils résident et n'y sont une cause ni de préjudice ni de trouble ; mais sans que cette obligation fasse obstacle à la faculté réservée à chaque gouvernement, tant sur son territoire national que sur celui de ses colonies et pays de protectorat, de régler à son gré les conditions de naturalisation des étrangers, de réserver à ses seuls nationaux le droit de propriété immobilière ainsi que tous droits civils et politiques et de s'opposer à toute immigration assez importante pour rendre possible une modification de nationalité.

Extrader et rendre aux gouvernements de leur pays les étrangers réclamés comme s'étant rendus coupables dans ces pays de crimes et délits de droit commun.

Organiser, autant que possible dans des îles lointaines, des lieux de détention et de déportation mis à la disposition des nations qui font partie avec voix délibérative ou consultative du Conseil international, afin d'y détenir ou reléguer à leurs frais respectifs, sous une surveillance commune, leurs nationaux condamnés à cette peine, par des tribunaux compétents.

Ouvrir leurs ports et leurs fleuves aux navires de commerce étrangers, à charge par les navigateurs d'acquitter les droits de port, de pilotage et de navigation fluviale fixés par le Conseil international et les droits de douanes que chaque nation fixe à son gré.

Assurer par un règlement général le service de la correspondance et des échanges entre citoyens de nations différentes.

Prendre toutes mesures d'intérêt général pour humaniser les guerres et déterminer nettement les droits et les obligations des belligérants et des neutres.

Accorder aux représentants diplomatiques les droits et immunités consacrés par les usages.

Empêcher la propagation des épidémies.

Assurer la protection des richesses des nations et sauvegarder la propriété industrielle, commerciale, littéraire et artistique.

Observer et faire observer les règlements internationaux pour la sécurité et la liberté de la navigation sur les mers ouvertes et les canaux traversant les isthmes et pour l'exploitation du produit de ces mers au-delà de 40 kilomètres à partir des côtes.

Laisser passer sur leur territoire les voies ferrées et autres utiles pour mettre plusieurs pays en communication. A défaut d'accord amiable, le pays traversé est contraint à une contribution ou reçoit une indemnité, suivant qu'il lui plaît ou non de faire usage de ces voies et suivant l'avantage ou le préjudice qu'il en éprouve.

III

Tous différends entre nations doivent être soumis à l'arbitrage du Conseil international chargé de maintenir la paix entre les peuples, de présider à leurs bons rapports et de favoriser les progrès de la civilisation.

IV

Chaque nation doit limiter l'armement et la puissance numérique de son armée et de sa flotte au strict minimum nécessaire pour sauvegarder ses institutions et pour assurer l'ordre intérieur sur son territoire et sur celui de ses colonies.

Les nations admises au Conseil à titre consultatif et délibératif doivent entretenir en outre un corps expéditionnaire qu'elles tiennent à la disposition du Conseil international pour assurer l'exécution des mesures prescrites par lui.

III

INSTITUTION D'UN CONSEIL INTERNATIONAL

Il est institué un Conseil international auquel sont admis tous les peuples de la terre comptant au moins trois millions d'habitants, occupant un territoire bien délimité et soumis à un pouvoir gouvernemental assez centralisé et assez fort pour assurer l'ordre social à l'intérieur, pour contraindre leurs nationaux à observer les prescriptions de la loi internationale et pour contribuer à la faire observer par les étrangers.

Les peuples réunissant toutes ces conditions, sauf celle relative au nombre des habitants, sont admis au Conseil, mais seulement avec voix consultative.

Sont exclus du Conseil les peuples chez lesquels les attentats contre la vie ou la liberté humaine non justifiés par des motifs de sécurité publique, les tortures ou l'esclavage sont admis ou non réprimés.

Les peuples admis au Conseil international sont représentés savoir : ceux dont la population ne dépasse pas dix millions d'habitants, par un délégué, et, ceux dont la population est supérieure, par un délégué à raison de dix millions d'habitants, sans que le nombre des délégués puisse dépasser trois pour la même nation.

Chaque nation règle à son gré le mode de nomination de ses délégués et y adjoint des délégués suppléants ayant le droit de siéger en cas d'empêchement des titulaires. Les délégués suppléants ont qualité pour être chargés par le Conseil de toutes enquêtes et de toutes missions préparatoires ou de contrôle.

Pour le calcul du nombre des délégués, les confédérations d'États ne comptent que pour une seule nation et les colonies et pays de protectorat ne forment qu'un bloc avec la mère patrie.

Le Conseil international siège en permanence dans la ville désignée par lui.

La présence des trois quarts des délégués
inscrits est nécessaire pour la validité des
délibérations.

Les décisions sont prises à la majorité absolue des voix, chaque délégué n'ayant qu'une
seule voix quelle que soit l'importance de la
nation qu'il représente.

Les délégués doivent s'abstenir de tout vote
dans les questions qui ne sont pas d'ordre
général et qui intéressent directement la nation
dont ils sont les représentants.

Chaque délégation nationale peut être assis-
tée de savants et de praticiens destinés à former des commissions d'étude et de rédaction
pour les questions nécessitant des connais-
sances spéciales. Ces auxiliaires n'ont pas voix
délibérative. Leur nombre est fixé par le
Conseil.

IV

POUVOIRS DU CONSEIL INTERNATIONAL

Le Conseil international prescrit les règles de détail pour les rapports internationaux ; prononce ou refuse la reconnaissance des gouvernements ; fixe la valeur numérique des armées de chaque nation ; concilie et juge à titre d'arbitre souverain tous différends entre les peuples et en règle les suites ; décide et fait exécuter toutes mesures de coercition, de réforme ou de protection ; fixe toutes contributions et indemnités et assure l'application de toutes les règles générales comprises aux présents statuts, mais sans pouvoir, en aucun cas, s'écarter de ces règles et des principes dont elles procèdent.

Les sentences du Conseil arbitral ne sont susceptibles ni d'appel, ni de cassation, ni de révision, ni d'aucun autre mode de recours.

Les décisions du Conseil doivent être observées, même par les peuples qui en sont exclus. Leur observation est assurée par le concours des nations admises au Conseil et chacune d'elles contribue aux mesures de coercition et de protection, aux frais qu'elles entraînent, ainsi qu'à toutes dépenses prescrites dans l'intérêt général. La contribution de chaque nation est fixée en proportion de la valeur numérique de l'armée qu'elle est autorisée à entretenir.

V

DURÉE DU PACTE
MODIFICATIONS AUX STATUTS

La durée du concert international formé par l'adhésion des nations aux présents statuts est illimitée, mais toute nation adhérente a la faculté de se dégager à l'expiration de chaque période décennale qui écherra à partir de la date à laquelle le Conseil aura été constitué.

L'adhésion aux statuts, ainsi que toute addition ou modification apportée à ces statuts ne seront définitives qu'après avoir été ratifiées par les gouvernements des nations adhérentes.

Toute addition ou modification aux statuts ne peut, une fois le pacte formé, être adoptée qu'à la majorité des trois quarts au moins des voix des délégués inscrits et, si tous les gouvernements des nations adhérentes ne la ratilient pas, elle doit être soumise une seconde fois au vote des membres du Conseil.

Les nations qui, après ce second vote, ne ratifieraient pas la décision du Conseil auraient le droit de cesser de faire partie du Conseil international.

Les délibérations du Conseil qui n'ont pour objet que d'exécuter les prescriptions insérées aux présents statuts sont exécutoires *de plano* et ne sont pas soumises à la ratification des gouvernements intéressés.

VI

DISPOSITIONS TRANSITOIRES

Les gouvernements fixeront, lors de l'acceptation des statuts, le minimum d'adhésions nécessaires pour l'adoption et le maintien du pacte international.

Aucune réunion et aucune séparation d'États, colonies ou provinces ne pourra avoir lieu pendant les dix premières années qui suivront l'adoption des statuts.

TROISIÈME PARTIE

COMMENTAIRE DES STATUTS

TROISIÈME PARTIE

COMMENTAIRE DES STATUTS

Nous avons dû, en rédigeant le projet de statuts qui précède, condenser notre pensée en une sèche et brève formule, ainsi qu'il est d'usage pour la rédaction des contrats et des textes législatifs ; mais plus d'un parmi les principes posés suscitera vraisemblablement des critiques, et certains passages laconiques ne feront pas comprendre avec assez de netteté la pensée qui nous a guidé. Il importe donc que nous fassions suivre ce projet de quelques explications.

I

L'IDÉE DE PATRIE

L'idée de patrie naît lentement chez les peuples en formation.

Quand ces peuples ne sont encore composés que de tribus nomades tantôt quittant la forêt ou le désert aride pour les sources et les pâturages qui font vivre, tantôt regagnant les solitudes inhospitalières pour échapper aux hordes conquérantes et pillardes qui leur disputent le droit à la vie, l'idée de patrie, incompatible avec la vie errante, n'existe pas encore chez eux.

Mais quand les peuplades, s'agrégeant entre elles et s'organisant en société, arrivent à former un peuple sédentaire, l'idée de patrie naît chez lui et s'y développe en raison directe du patrimoine national qu'il se constitue. En

raison du patrimoine matériel que lui acquiè-
rent de longs siècles de labeur pendant lesquels il a défriché, cultivé, planté et bâti le
sol, tracé des voies, accumulé des richesses,
élevé des monuments à ses divinités et à ses
héros, organisé le présent et préparé l'avenir
pour les générations futures ; en raison surtout
du patrimoine moral que lui lèguent les ancê-
tres en lui transmettant la mémoire et les
œuvres des grands hommes qui ont honoré le
pays, en lui créant, parmi les nations de ce
monde, une longue et glorieuse histoire où
l'amour de la patrie est écrit en lettres d'or, en
lettres de sang que rien ne saurait effacer.

On rencontre cependant, depuis un certain
nombre d'années, des individus qui, partant de
vues opposées, renient l'idée de patrie et prennent le titre d'internationalistes. La « *vox
populi* », leur donnant une qualification plus
imagée, les appelle « les sans-patrie ».

Il y a lieu de les diviser en deux catégories.

Les uns, socialistes de l'école la plus dangereuse, n'ont qu'un but : faire appel à la
fraternité des peuples et, sous le masque de
principes humanitaires, obtenir la suppression

des armées permanentes, afin d'avoir le champ libre pour consommer la révolution qu'ils méditent, renverser les gouvernements établis, prendre leur place et s'emparer des biens que leurs concitoyens ont conquis par le travail et l'économie.

Les autres se recrutent généralement dans la classe des « intellectuels ». Ce sont de doux rêveurs qui, inspirés d'un idéal élevé, s'en vont prêchant que les conquêtes de l'esprit humain, les seules à considérer, ne sont pas l'apanage d'une nation et doivent être mises en commun par l'humanité ; que l'idée de patrie, qui tend à semer la division parmi les hommes et les pousse à la guerre, est mauvaise, qu'il faut y renoncer, effacer les frontières, proclamer l'union et la fraternité des peuples et inaugurer ainsi une ère de paix, de bonheur et de progrès.

C'est seulement aux internationalistes de la seconde catégorie que nous ferons réponse.

Il est inexact de dire que chaque nation conserve pour elle, d'une façon égoïste, les conquêtes de l'esprit humain. Les barrières politiques des États n'ont jamais empêché les

savants d'entrer en communion d'idées et à
tout instant, de nos jours, on les voit tenir des
congrès dans des capitales diverses pour exposer au monde leurs découvertes et rechercher
en commun les moyens de les perfectionner et
d'en assurer l'application. La pensée, une fois
émise, n'a plus de propriétaire ; s'en empare
qui veut et l'humanité entière en profite. Il en
est de même des découvertes de la science et
nous ne connaissons pas de frontière ayant fait
obstacle à la diffusion des découvertes médicales
de Pasteur qui les annonçait publiquement au
monde dès que l'expérimentation avait changé
en certitudes les intuitions de son génie.

Mais si, ce premier point traité, nous en
venons à envisager la question à un point de
vue plus général et plus élevé, nous sommes
amené à penser que les internationalistes font
œuvre mauvaise quand ils essaient de détacher
leurs compatriotes de l'idée de patrie, car
cette idée est belle et salutaire ; elle empêche
l'homme de s'abandonner aux sentiments
égoïstes vers lesquels il est toujours trop
facilement porté ; elle développe chez lui la
charité, la fraternité, l'esprit de dévoûment,

d'abnégation et de sacrifice qui sont les plus belles des vertus civiques ; elle engendre l'émulation et l'orgueil national qui suscitent l'effort et qui, en inspirant les grandes et belles actions, font la gloire des peuples.

Si, au contraire, supprimant les frontières, on assujétissait les nations à une sorte de communisme universel, on verrait les hommes répudier tout attachement pour cette vague patrie continentale ou mondiale dont ils ignoreraient pour la plupart les limites, où ils coudoieraient des concitoyens d'un autre sang, parlant des langues incompréhensibles et adorant des dieux inconnus. Citoyens d'une patrie sans nom, il serait inutile de leur demander de se dévouer corps et âme pour des compatriotes de toute couleur et de toute race introduits comme des intrus parmi eux, ils se désintéresseraient de la chose publique et n'auraient plus d'autres préoccupations que celles naissant de l'égoïsme et de l'intérêt personnel.

Il nous reste à examiner une objection des internationalistes. L'idée de patrie, disent-ils, sème la division parmi les hommes et fomente les guerres.

Il y a du vrai dans cette remarque et il faut convenir que les rivalités entre familles, entre tribus, entre nations ont été la cause, dans le passé, de bien des luttes fratricides ; mais est-il bien certain que la réunion des peuples en une même société demandée par les internationalistes étoufferait tout germe de guerre ? Dans chaque nation, composée cependant d'individus de même race et de mêmes mœurs, éclatent parfois de longues et sanglantes guerres civiles. Ces guerres ne seraient-elles pas à redouter davantage le jour où on réunirait sous le même gouvernement et sous les mêmes lois des peuples disparates ? Quelqu'un a-t-il réussi à faire vivre en paix dans la même ruche toutes les abeilles d'un rucher ? N'est-il pas plus prudent de laisser chaque peuple demeurer en son lieu d'élection et plus pratique de songer seulement à ménager entre eux d'amicaux rapports de bon voisinage ?

Il nous semble d'ailleurs inutile de nous attarder sur cette objection des internationalistes, car si la division des continents au moyen de frontières politiques a pu entraîner dans le passé des rivalités et des guerres internationales, nous avons tout lieu d'espérer qu'il n'en sera plus ainsi dans l'avenir.

En effet, l'esprit de guerre et de conquête qui pendant de longs siècles a poussé les nations à se ruer les unes contre les autres tend à disparaître de plus en plus ; les idées de paix et d'arbitrage qui préoccupent tous les esprits, l'introduction de l'arbitrage dans les usages diplomatiques, la réunion de la Conférence de la Haye sont, à ce sujet, des symptômes fort nets et il est permis d'entrevoir une ère très prochaine où la guerre entre nations sera rayée du nombre des fléaux de l'humanité et où les sentiments d'émulation et de rivalité qui passionnent les peuples ne se feront plus jour que dans le domaine de l'industrie et du commerce et dans celui des sciences, des lettres et des beaux-arts.

Alors nous ne verrons plus l'élite mâle de chaque nation vivre en armes massée autour du drapeau et lutter sans repos, tantôt pour défendre le sol natal, tantôt pour tirer vengeance d'un échec passé, parfois enfin pour suivre à travers le monde l'épée néfaste d'un conquérant.

Il faudra séparer de l'idée de patrie l'appel enflammé aux armes, les dévoûments sublimes et la gloire du triomphe, en même temps d'ailleurs que les épreuves des mauvais jours : le deuil, la dévastation, la servitude et l'exode et on devra clore les chapitres héroïques de l'histoire.

Mais l'idée de patrie ne disparaîtra pas pour cela. Les différences de race, de civilisation, de religion et de langage, les barrières géographiques, la diversité des climats, des terrains et de leurs produits engendrent chez les hommes de profondes divergences de tempérament, de mœurs et d'aptitudes. De là découlent pour eux et la nécessité de se grouper par régions pour se soumettre à des institutions en concordance avec leurs besoins, et le désir d'admettre seulement dans leur société les individus susceptibles de vivre en bonne harmonie avec eux.

Cette loi est tellement inéluctable qu'on peut constater par l'histoire, et notamment par l'histoire romaine, que des siècles de domination et de colonisation n'arrivent jamais à fondre ensemble des peuples habitant des contrées distinctes et que, tôt ou tard, les groupements naturels se reforment.

Avant de quitter ce sujet, il nous reste à examiner si les internationalistes ont trouvé des procédés pratiques pour l'application de leurs théories.

Certains parmi eux, au milieu de l'Europe en armes, ne craignent pas de proposer à leurs gouvernements de prendre l'initiative du désarmement, sans même se préoccuper de savoir si les nations voisines suivront cet exemple, mais il est inutile de se demander s'il se rencontrera un gouvernement qui veuille accepter de suivre ces gens naïfs dans une voie qui conduirait sûrement à l'asservissement du pays.

Doit-on se contenter, comme d'autres, de proposer aux nations voisines une fusion générale sous le même gouvernement et sous les mêmes lois? Mais la proposition n'est pas moins enfantine et il suffit de jeter un regard sur l'état des esprits chez les différentes nations pour se rendre compte que l'immense majorité de leurs habitants tient à l'idée de patrie et n'a le désir de changer ni de maître ni de drapeau; que chaque peuple a son régime politique, législatif et administratif spécial, adapté par lui à ses mœurs et à ses besoins et qu'il s'arrangerait sans doute mal de celui que lui apporteraient les internationalistes étrangers ; qu'enfin, et pour couper court à toute discussion, il a le juste désir de se gouverner à sa guise et d'être le maître chez lui.

Comme conclusion, nous admettons la certitude que la paix et les progrès de la civilisation, les facilités croissantes de communication entre les peuples, les liens d'intérêt et les rapports cordiaux qui en résultent, l'adoption d'une langue universelle que les commerçants se préoccupent d'établir pour les relations d'affaires[1], adouciront les rapports internationaux. Nous pensons que le nombre actuel des nations pourra diminuer sur certains continents et les frontières cesser d'être purement conventionnelles pour résulter seulement des divergences

1. Le Volapük inventé par Schleyer en 1879 est la première langue universelle qui soit entrée dans le domaine de la pratique. Acceptée d'abord avec faveur cette langue est tombée peu à peu dans l'oubli, et tend à être remplacée par l'Espéranto, de création récente, et que de nombreux adeptes recrutés parmi les commerçants et les touristes s'efforcent de répandre chez toutes les nations.

les plus marquantes de race, de langage et de
mœurs, ainsi que des barrières géographiques ;
mais, en même temps, nous sommes convaincu
que cette fusion sera seulement partielle et que
ni la paix ni la concorde ne feront disparaître
et le besoin de groupements divers et l'idée de
patrie qui en résulte forcément pour chaque
société distincte.

En tout cas, une fusion plus ou moins accentuée des peuples ne peut être que l'œuvre des
siècles à venir. Laissons-les accomplir leur
tâche et, au lieu de nous perdre dans de vaines
conjonctures, revenons au présent et disons
que puisque aujourd'hui, sur toute la surface du
globe, les hommes tiennent à se grouper par
nations, il faut se garder de toucher à l'idée de
patrie si belle et si noble et il faut laisser chaque
peuple revendiquer jalousement son patrimoine historique, ses gloires nationales, et ses
rêves de suprématie dans toutes les branches
de l'activité humaine, car là est une source
féconde d'efforts et d'énergie productive dont
l'humanité tout entière est appelée à bénéficier.

Nous devons donc laisser de côté la doctrine
des internationalistes et chercher dans un autre

ordre d'idées la solution du problème. C'est pourquoi nous avons tenu à nous séparer d'eux, dès le principe, en faisant figurer en tête des statuts l'idée de patrie, afin de la consacrer solennellement, de prouver qu'elle n'a rien d'incompatible avec les idées de paix, d'arbitrage et de désarmement et de rassurer ceux qui ont, comme nous, le culte de la patrie et ne sauraient le laisser abolir.

II

DE L'INDÉPENDANCE ET DE L'AUTONOMIE
DES NATIONS

Garantir aux nations leur indépendance et leur autonomie au moyen d'un accord international est la première condition à remplir pour assurer entre elles une paix constante et profonde, dégagée de toute préoccupation et de toute arrière-pensée, et pour les amener à consentir au désarmement; aussi en avons-nous fait la première proposition des statuts.

Nous avons ajouté au mot indépendance le mot autonomie qui le complète, car l'autonomie étant le droit pour une nation de choisir elle-même les règles qui doivent présider à ses destinées est exclusive du protectorat et de toute ingérence de l'étranger.

L'autonomie absolue est, d'ailleurs, un principe admis de nos jours par les grandes nations pour leurs rapports réciproques. Il n'en a pas toujours été ainsi, car il fut un temps où des peuples intervenaient volontiers chez leurs voisins pour y inaugurer ou restaurer telle ou telle forme de gouvernement : et nous avons vu notamment, en Europe, la Convention Française, puis plus tard la Sainte Alliance vouloir imposer aux nations, l'une le régime républicain, l'autre la royauté. L'intention pouvait être bonne, quand toutefois aucun intérêt particulier n'entrait en jeu, mais les résultats étaient déplorables, car un régime imposé et surtout imposé par l'étranger, est toujours mal accueilli et il en découle fatalement des dissensions et des guerres. Aujourd'hui on est devenu plus sage et on paraît comprendre qu'en politique il ne faut ni règles absolues, ni règles universelles ; que certains régimes conviennent à certains peuples et ne conviennent pas à leurs voisins et que, d'ailleurs, chaque peuple comme chaque individu doit pouvoir jouir de la liberté la plus large dès lors qu'il ne trouble pas la liberté des autres.

Afin d'éviter toute injustice et toute difficulté dans l'adoption des statuts, l'indépendance et l'autonomie doivent être garanties non seulement aux plus grands États, mais aussi aux plus petits et aux plus faibles ; et si, dans les statuts, nous proposons des mesures destinées à éviter un trop grand morcellement des territoires, nous voulons seulement réglementer l'avenir et entendons respecter tous les droits acquis dans le passé.

Comme conséquence, nous entendons que les colonies et les pays de protectorat conservent leur situation actuelle vis-à-vis des nations auxquelles ils sont attachés, sauf à eux à invoquer au besoin, à l'expiration du terme décennal imposé, les dispositions des statuts autorisant l'autonomie ou le rattachement à une autre nation.

Nous aurions voulu proclamer le droit des peuples à l'indépendance et à l'autonomie sans restriction aucune, mais nous avons été amené à quelques réserves par ce motif que des peuples ne sont pas mûrs pour la liberté absolue et que, dans l'intérêt général de l'humanité, il est nécessaire de les astreindre à une tutelle.

Nous avons, dans ce but, divisé les nations en trois catégories :

La première comprend les sociétés bien organisées et civilisées, à l'abri de toute critique grave. Ces sociétés ont fait leurs preuves et offrent les plus sérieuses garanties ; aussi doit-on leur accorder une liberté absolue tant qu'aucune déchéance de rang ne vient les atteindre.

La seconde catégorie comprend les peuples qui jouissent d'une certaine organisation sociale et ont droit à une vie propre, mais dont la civilisation est imparfaite en ce sens qu'ils admettent ou tolèrent chez eux l'esclavage, les tortures ou les massacres humains.

Nous avons dû, malgré nos hésitations, limiter la liberté intérieure de ces peuples et songer qu'en raison des tortures et des massacres qui désolent encore de nos jours les pays musulmans et une partie de ceux qui sont occupés par la race jaune et la race noire, c'est, non pas violer mais protéger la liberté humaine que de réserver aux nations civilisées le droit d'intervenir pour mettre fin à de pareilles atrocités. Toutefois, pour que cette intervention reste légitime, elle doit être désintéressée ; aussi réservons-nous son indépendance à la nation objet de l'intervention. Si le Conseil international juge à propos d'intervenir, soit dans un but de civilisation et d'humanité, soit pour protéger les nationaux étrangers, il pourra destituer le gouvernement coupable, instituer un autre régime, occuper provisoirement le pays, émanciper la province où régnera la persécution ou prendre toutes autres mesures que les circonstances lui suggéreront, mais il devra s'opposer à toute idée de conquête et d'annexion et dégager ainsi l'intervention de tout caractère injuste et vexatoire.

La troisième catégorie comprend les peuples généralement nomades qui vivent sur un territoire mal délimité et sont dépourvus d'une organisation politique et administrative suffisante pour assurer l'ordre et la sécurité à l'intérieur et pour imposer aux individus qui les composent l'observation des règles internationales.

Ces peuples inhospitaliers et dangereux ne constituent pas des nations ; ce sont de véritables barrières opposées à la pénétration du progrès et de la civilisation, et ils ne méritent pas de détenir, à titre de propriétaires exclusifs, un territoire dont ils font un mauvais usage. Pour le bien de l'humanité, pour le bien de ces peuples eux-mêmes, il est désirable qu'ils soient placés sous la tutelle de nations d'un ordre supérieur qui sauront les organiser, les améliorer et mettre leur territoire en valeur.

Dans ce cas, l'annexion et le protectorat deviendront des mesures légitimes, d'autant plus qu'elles s'exerceront sous le contrôle du Conseil international et que, grâce à cette sauvegarde, on ne verra pas se reproduire ces tristes scènes où la nation civilisatrice massacrait les vaincus et s'efforçait par le fer, par le feu ou autrement, de se débarrasser du premier occupant pour n'avoir plus à compter avec lui et n'être pas contrainte de lui abandonner quelques lambeaux de son ancien territoire.

III

DES FUSIONS ET SÉPARATIONS DE PEUPLES

Nous avons, dans le chapitre précédent, proposé l'adoption des divisions territoriales telles qu'elles existeront au moment de l'acceptation des statuts.

C'était nécessaire, mais il n'en faut pas conclure que cette situation ne puisse se modifier dans l'avenir.

Le pacte de paix doit proscrire à jamais toute politique d'invasion et de conquête ; mais, pour qu'il soit durable, il est indispensable qu'il ait la liberté pour base et ne soit pas une chaîne condamnant les peuples à une immutabilité perpétuelle. Il faut donc qu'il respecte le libre arbitre des nations, les laisse en tous points maîtresses de leurs destinées, et les autorise à s'unir et à se diviser à leur gré.

Cependant, pour éviter les graves inconvénients qui pourraient résulter de mariages ou de divorces trop faciles, il importe de réglementer la question ; et c'est ce que nous nous sommes efforcé de faire dans les statuts, aux termes du troisième paragraphe du chapitre des droits des nations.

Des réunions.

Certains peuples ayant des territoires contigus et sentant une affinité entre eux pourront parfois désirer se réunir.

Il est vraisemblable que cette tendance se manifestera rarement chez les vieilles nations d'Europe et d'Asie, car presque toutes ont une existence fort ancienne, une histoire bien personnelle, et l'idée de patrie est fort développée chez elles.

Les tendances contraires se révèlent chez les peuples nouveaux qui cherchent plus volontiers à se réunir ou à se fédérer pour acquérir plus de force et de sécurité. L'Amérique nous en offre un exemple frappant et l'Afrique accuse une tendance similaire.

En tout cas, ces fusions sont désirables, car elles engendrent des groupements plus larges, plus homogènes et, pour ce motif, toujours plus forts et mieux organisés. Nous en concluons que si le respect des frontières établies s'impose, il faut applaudir à leur disparition spontanée quand elle vient à se produire.

Des séparations.

Ici des questions plus délicates se présentent. Parlons d'abord des colonies.

Si nous suivions notre première impression, nous serions très porté à refuser aux colonies le droit de manifester leur ingratitude envers leur mère patrie en se séparant d'elle; mais, avec la réflexion les idées s'élargissent, s'élèvent, et on voit les choses sous un autre jour.

Examinons comment se forme une colonie.

Il arrive parfois qu'une nation éprouve le besoin de créer des débouchés pour son industrie ou, simplement, d'avoir un champ libre à offrir aux turbulents coureurs d'aventures qui s'agitent dans son sein et troublent le repos du foyer. Elle examine alors la carte du globe

et, son parti pris, envoie ses navires de guerre
fonder une colonie dans un pays qui n'appelle
pas son intervention et qu'elle est généralement
obligée d'asservir en taillant en pièces ses
habitants. Elle expédie dans cette colonie des
soldats et des fonctionnaires, l'organise, la
développe en suscitant vers elle un courant
d'émigration de ses nationaux et d'étrangers.
Le pays se peuple et devient peu à peu une
nation florissante.

Cette nation nouvelle doit le jour et doit sa
prospérité à la mère patrie, c'est entendu ;
mais il ne faut pas croire qu'en la créant celle-
ci ait uniquement agi dans un but désintéressé
de civilisation ; elle a simplement voulu, soit
s'offrir une fantaisie, soit s'enrichir elle-même
en développant son commerce et son industrie
et en échangeant les stocks de cotonnades,
d'articles de quincaillerie et autres qui encom-
braient ses entrepôts contre l'or, l'ivoire et les
autres richesses naturelles d'un pays encore
inexploité.

Ce mobile et ces procédés initiaux allègent
grandement la dette de reconnaissance que la
colonie a contractée, à d'autres points de vue,

envers la nation fondatrice ; mais poursuivons.
Un ou plusieurs siècles se passent ; la colonie
est devenue une nation importante, plus importante parfois que la métropole ; 1000, 2000,
3000 lieues peut-être les séparent ; les générations qui ont quitté la nation mère pour fonder
la colonie ne sont plus ; d'autres générations
sont venues, nées de croisements entre elles, la
race autochtone et les émigrés accourus de tous
les points du globe vers ce pays nouveau, et ces
éléments divers se sont fondus et agglomérés.
Il n'existe plus entre les générations actuelles
et celles existant chez la nation fondatrice
aucun lien de parenté ni d'amitié ; la colonie
a maintenant une vie propre, elle commence
une histoire et l'idée de patrie naît chez elle.

Eh bien ! est-il raisonnable d'exiger que
cette colonie reste indéfiniment la vassale de
la métropole et n'ait jamais droit à l'émancipation ? Est-il admissible que, par un reste de
barbarie, on prétende lui imposer le sort jadis
réservé aux esclaves que la mort seule libé-
rait de la servitude ?

Non, il faut imiter le père de famille qui,
refoulant tout sentiment égoïste, donne pleine

liberté à ses enfants dès que l'heure est venue pour eux de fonder une famille et de devenir des chefs d'établissement ; et, dès que les colonies ont l'âge, la force et l'expérience nécessaires pour devenir maîtresses de leurs destinées, il faut leur donner la liberté si elles la demandent et la leur donner de bon gré pour qu'elles n'en soient pas réduites à l'obtenir de force, ainsi que cela s'est vu trop souvent dans l'histoire des peuples.

L'émancipation des colonies ne doit pas, néanmoins, s'accomplir au détriment de la civilisation et du progrès, aussi l'avons-nous subordonnée à deux conditions.

La première, c'est que les colonies soient à même de justifier d'une organisation et d'un état de civilisation suffisants pour qu'elles puissent se conduire seules sans être exposées à déchoir.

La seconde, c'est qu'il n'en doive pas résulter un émiettement excessif des nationalités.

Examinons maintenant l'hypothèse où ce ne sont plus des colonies, mais des États ou des provinces, formant des îles ou des territoires continentaux, qui veulent se détacher des nations dont ils font partie intégrante.

Doit-on leur accorder ce droit?

Nous n'hésitons pas à répondre affirmative-
ment. Le pacte que nous proposons étant une
œuvre de paix et de suprême justice doit avoir
la liberté pour base ; il ne saurait donc maintenir de force sous le joug une province qui
serait l'objet de mauvais traitements et de
persécutions ou qui, par suite simplement d'in-
compatibilité de mœurs et d'aptitudes, ne pourrait tolérer la vie commune avec la nation dont
elle dépend.

Adopter ce principe c'est, en outre, donner
satisfaction à la théorie des nationalités, laquelle
conduit à grouper dans une seule nation tous
les peuples de même race, de même langue et
de même religion. Or il n'est pas indifférent
pour la cause de la paix qu'il soit tenu compte
de ce principe, et si les puissances qui, au
Congrès de Vienne de 1815 ont procédé au
partage de l'Europe, s'en étaient préoccupées
davantage, bien des guerres d'affranchisse-
ment et d'unification eussent été épargnées à
l'Europe et notamment celles entre la Turquie,
la Grèce et les provinces des Balkans, celles
entre la Pologne et la Russie, entre l'Autriche

et l'Italie, entre l'Autriche et l'Allemagne.

Mais, si ces détachements d'États et de provinces sont admissibles, il faut les subordonner aux mêmes conditions que l'émancipation des colonies ; aussi n'admettons-nous le détachement des États et provinces que s'ils offrent de sérieuses garanties de civilisation et de bonne administration. Quant à l'autonomie, nous ne la leur accordons que s'ils sont en état de constituer par eux-mêmes une nation importante, faute de quoi ils devront se rattacher à une autre nation et apporter à un nouveau groupement l'appoint dont ils privent celui qu'ils abandonnent ; et cela toujours afin d'éviter l'émiettement des nationalités.

Nous ferons observer que nous avons été amené à établir une nuance entre le droit des îles et le droit des territoires continentaux.

Afin de ne pas former des enclaves et de ne pas multiplier les nationalités, nous exigeons, pour les territoires continentaux non susceptibles d'émancipation, le maintien du statu quo ou l'annexion au territoire d'une nation limitrophe.

Une solution analogue pour les îles, c'est-à-dire l'annexion au territoire continental le plus proche, ne serait pas pratique. Ici la crainte d'enclave n'existe pas ; puis beaucoup d'îles sont situées à une distance presque égale de plusieurs nations continentales et il n'y a aucun motif de préférer la nation qui comp-tera, en ligne directe, quelques kilomètres de moins que les autres. Enfin il est à considérer que les îles, plus facilement pénétrables et colonisables, sont souvent très civilisées alors que les territoires continentaux les plus proches ne le sont pas du tout ; et il serait inadmissible de placer ces îles dans l'alternative de rester perpétuellement sous le joug qui leur pèse ou de déchoir en s'annexant à un peuple barbare.

C'est pourquoi nous avons réservé aux îles qui ne peuvent prétendre à l'autonomie la liberté de choisir la nationalité à laquelle elles préfèrent se rattacher.

Ouvrons ici une parenthèse.

Nous avons répété, à plusieurs reprises, que l'émiettement des nationalités était à redouter. Cette assertion demande à être appuyée de quelques explications.

Il est vraisemblable que, dans l'exercice de leur liberté, les peuples seraient plutôt portés vers les idées séparatistes que vers les idées de fusion et que les anciennes provinces indépendantes réunies pour former de grands États auraient la tentation de redevenir des petites provinces autonomes. On verrait alors les nations se disloquer, perdre leur unité achetée au prix de longs siècles d'efforts et de guerres et se transformer en une pléïade de petites principautés.

Cet émiettement serait très fâcheux, aussi bien dans l'intérêt particulier que dans l'intérêt général des peuples.

Les petits peuples sont comme les petites sociétés industrielles que les frais généraux grèvent plus lourdement et qui, faute de ressources suffisantes, ne peuvent s'organiser pour les entreprises importantes et sont condamnées à végéter dans la médiocrité.

Que peut faire d'intéressant, par exemple, un petit peuple de deux à trois cent mille âmes? Ses ressources et ses moyens d'action sont tellement limités qu'il ne peut instituer chez lui ni ces universités et ces écoles de tout genre, ni ces musées, bibliothèques et collections qui forment le savant et le praticien, évo-

quent le génie et préparent le développement
de l'industrie, des sciences, des lettres et des
arts ; aussi ce petit peuple, impuissant à l'intérieur comme à l'extérieur, est-il réduit à
vivre humble, inutile et ignoré.

Au point de vue international, l'émiettement
des nations aurait de non moins graves inconvénients.

Il en résulterait un accroissement considérable du nombre des barrières politiques
élevées entre les nations et, en même temps,
se multiplieraient les douanes, les compagnies
de chemins de fer et de navigation fluviale, les
services postaux, télégraphiques, téléphoniques
et autres ; à tout instant, le voyageur serait
tracassé par l'observation de lois et règlements
qui changeraient à chaque frontière et retardé
par des impedimenta de toute sorte. Les relations entre les peuples auraient donc beaucoup
à souffrir d'un tel état de choses.

Il faut, enfin, songer aux difficultés inouïes
qui seraient à vaincre pour lier par une convention unique des myriades de petits peuples
ayant une existence à part et pour assurer
l'exécution des règles internationales au moyen

du concours de principautés n'ayant ni gouvernement bien organisé, ni représentants à l'étranger, ni armée, ni marine.

Le fractionnement excessif des nations est donc un danger et c'est pour l'écarter que nous n'accordons l'autonomie qu'aux colonies, états ou provinces très importants et n'autorisons le détachement des autres qu'en échange d'un rattachement compensateur.

Supposons maintenant toutes les règles qui précèdent adoptées et les peuples maîtres de leurs destinées dans la plus large mesure possible. Doit-on leur accorder cette liberté du jour au lendemain ?

Nous ne l'avons pas pensé.

Quand il s'agit de prendre des déterminations aussi graves qu'un changement de nationalité, les décisions doivent être mûries par un long et sérieux examen ; or, comme nous venons de le dire, nous sommes convaincu que, si on n'y mettait obstacle, une explosion d'idées séparatistes conçues sans réflexion suffisante éclaterait au lendemain de l'adoption des statuts internationaux. Dans ces conditions il est à propos d'imposer à tous les peuples et fractions de peuples, susceptibles de désirer des réunions et des séparations, un délai minimum pendant lequel ils auront le temps de réfléchir et de faire un stage éducateur avant d'avoir droit à l'exercice de leur liberté.

Il est bon, aussi, que les gouvernements qui ont à redouter des détachements de colonies, d'États ou de provinces aient le temps de faire leur examen de conscience et de réparer les fautes qu'ils ont pu commettre. Certains n'ont pas traité bien fraternellement telle colonie ou telle province dépendant de leur domaine territorial et ont maintenu son attachement plutôt par la force des armes que par les bons procédés. Or, comme nous tenons à maintenir, dans la limite du possible, tous les droits acquis ; nous voulons laisser à ces gouvernements le temps de modifier leur ligne de conduite et de se faire apprécier favorablement par tous leurs administrés.

Tel est l'objet du deuxième alinéa des dispositions transitoires contenues aux statuts.

De la procédure de réunion et de séparation.

Cette procédure est d'ordre général et la règle doit être unique puisqu'il s'agit de modifications de frontières ; il est donc permis de l'inscrire dans les statuts internationaux sans violer pour cela le principe de la liberté intérieure des peuples.

Nous avons proposé de confier au suffrage universel le soin de trancher les questions de réunion et de séparation qui nous occupent.

Nous ne sommes plus, en effet, au temps où les nations étaient la propriété de leurs souverains, où le royaume se divisait parfois, à leur mort, entre leurs enfants, ni à celui où les épousées royales apportaient en dot un comté ou une province ; et il n'est plus de peuple civilisé, croyons-nous, qui n'ait une constitution le mettant à l'abri de pareils changements de nationalité.

Nous sommes amenés à en conclure que, d'après les mœurs politiques des sociétés modernes, c'est aux citoyens mêmes d'un pays qu'il appartient de statuer sur une question aussi grave, aussi intimement personnelle que celle de leur nationalité et que seul le suffrage universel permettra à leur volonté de s'exprimer librement.

Il existe, d'ailleurs, des précédents dans ce sens, car ce sont de véritables plébiscites qui ont décidé et consacré la réunion des Pays du Rhin à la France en 1792 et la réunion du Comté de Nice et de la Savoie à cette nation, une première fois en octobre 1792 et en dernier lieu les 15 et 22 avril 1860.

Diverses précautions subsidiaires étaient à prendre.

Il est indispensable que les changements de nationalité soient voulus par une majorité imposante et absolue et ne puissent être décidés à la majorité de quelques voix seulement ou à la faveur d'abstentions multiples. Nous avons donc transporté ici la règle en usage dans les sociétés commerciales où les déterminations très importantes doivent être prises à une majorité plus accentuée que celle qui est fixée pour les mesures ordinaires.

Il est utile, aussi, de prendre les dispositions nécessaires pour que la décision du suffrage universel soit aussi éclairée que possible et c'est ce qui nous a conduit à prescrire des mesures de publicité destinées à faire connaître aux intéressés les charges qu'ils auront à endosser, le régime et les lois auxquels ils auront à se soumettre.

Nous avons pensé, enfin, qu'il était désirable d'éviter l'agitation malsaine qui résulterait de consultations inutiles du suffrage universel sur les questions de réunion et de séparation et nous avons proposé, dans ce but, deux mesures :

La première, empruntée à la constitution suisse, n'autorise la consultation du suffrage universel ou referendum, que si cette consultation a été demandée par une pétition signée d'une fraction importante de la population.

La seconde décide que, si une proposition de réunion ou de séparation a échoué, aucune demande semblable ne peut être présentée avant l'expiration d'un délai de dix ans, minimum qu'on peut estimer nécessaire pour que les opinions des intéressés aient eu le temps de se modifier d'une façon sensible.

8

IV

DEVOIRS DES NATIONS

Après avoir énuméré les droits des nations, nous avons dû fixer leurs devoirs.

Le premier paragraphe de ce chapitre consacre l'entente des nations pour le maintien de la paix, la garantie de leur indépendance et de leur autonomie et l'observation de la loi commune. Cette disposition à une portée considérable et forme, en quelque sorte, la clef de voûte de l'édifice, puisqu'elle seule permet d'assurer la paix et de parvenir au désarmement. Nous avons été amené à examiner cette question *supra* p. **39** en démontrant la nécessité d'une loi et d'un pacte communs et *infra* p. **137** en traitant du désarmement, nous n'insisterons donc pas davantage sur ce sujet.

Le deuxième paragraphe énumère les règles générales qui devront présider aux rapports internationaux. Cette matière comportera, dans l'œuvre définitive, des développements considérables, car il faudra unifier, compléter et codifier les conventions internationales très diverses et très imparfaites existant déjà entre presque toutes les nations du globe afin d'en faire un monument unique très étudié et très complet. Ce travail n'est pas de notre compétence et devra être confié à des spécialistes. L'heure de s'en occuper utilement n'est d'ailleurs pas venue, car il faut que le thème ait été discuté, mis au point et adopté avant de passer aux longs développements qu'il comporte. Aussi nous sommes-nous contenté d'indiquer les titres des chapitres à développer sans entrer dans les détails, étant donné surtout que cette matière ne comporte pas de controverses capitales susceptibles de paralyser l'entente à intervenir entre les parties contractantes.

Il convient, toutefois, de déterminer dès maintenant l'esprit dans lequel cette réglementation doit être conçue et nous croyons pouvoir le préciser dans la formule suivante :

« Régler l'usage des biens communs entre
« les nations et obliger celles-ci à observer

« dans leurs rapports les prescriptions appelées
« à sauvegarder leurs convenances et leurs
« intérêts réciproques, mais en restreignant
« au strict minimum les réglementations et,
« par suite, les atteintes à la liberté de cha-
« cune d'elles. »

Il est, en outre, une question très délicate de
droit international que nous avons pointée dans
ce chapitre des statuts et sur laquelle nous
désirons exprimer notre pensée ; c'est celle de
savoir quel accueil doit être fait par chaque
nation aux étrangers qui viennent résider sur
son territoire.

En principe, les règles de la civilisation et
l'intérêt commun obligent chaque nation à faire
bon accueil à tous les étrangers ; mais, si le
devoir d'une large hospitalité s'impose, il convient aussi que chaque peuple reste le maître
chez lui et ne soit exposé à aucun préjudice
en raison de ce bienveillant accueil.

C'est à bon droit, suivant nous, que des
nations ont pris pour règle d'expulser tout
étranger qui ne se conforme pas aux lois du
pays ou y devient un sujet de préjudice, de
trouble ou de danger public ; et de refuser l'en-

trée du pays aux immigrants sans ressources
et sans emploi qui tombent pour la plupart à
la charge de l'assistance publique et vont gros-
sir la phalange des déclassés, laquelle constitue
chez tous les peuples un danger social.

On doit admettre également le droit, pour
chaque nation, de s'opposer aux immigrations
et infiltrations en masse susceptibles d'atténuer
la prédominance de la race autochtone et, par
suite, le droit de refuser la naturalisation aux
étrangers et de leur interdire de devenir propriétaires fonciers. Ces prohibitions ne sont
pas inconnues dans l'histoire ; elles ont surtout
été opposées à la race jaune, race très proli-
fique, et dont l'envahissement est redouté par
les autres nations et notamment par les États-
Unis d'Amérique.

Ces précautions contre une immigration trop
importante permettraient, en outre, de déjouer
les calculs intéressés qui pourraient se produire
si, conformément aux statuts proposés par
nous, on laissait à chaque État et à chaque
province le choix de sa nationalité. Il ne faut
pas qu'une nation ambitieuse puisse organiser
des armées d'émigrants dont elle peuplerait

systématiquement les provinces étrangères limitrophes afin d'y faire prévaloir sa nationalité
et de s'assurer leur annexion au moyen d'un
plébiscite frauduleusement préparé.

A cette théorie d'un exclusivisme relatif on
pourra objecter la nécessité d'offrir un champ
d'expansion aux peuples qui jouissent d'une
forte natalité, attendu que ces peuples vitaux
sont appelés à former des races dominantes et
colonisatrices, qu'ils ne peuvent être enserrés
dans des frontières trop étroites pour leur population sans cesse croissante et que, si on leur
refuse la liberté de s'étendre, ils seront amenés
à employer la force pour conquérir des territoires et y déverser le trop-plein de leurs
habitants.

A ceci nous répondrons que le droit à la vie
peut être justement revendiqué par tous les
peuples comme par tous les hommes et que
chaque peuple a le droit d'exiger l'espace de
terrain nécessaire pour contenir et faire vivre
ses habitants ; mais que ce droit doit se concilier avec celui non moins sacré du respect de
la propriété d'autrui.

Si donc un peuple venait à posséder une

population trop dense et ne trouvait pas de territoires libres pour y transporter l'excédent de sa population, il faudrait bien, conformément au droit naturel, autoriser ce peuple à émigrer partiellement dans d'autres pays à population plus clairsemée ; mais telle est la seule hypothèse admissible. Si, au contraire, il s'agit d'un peuple qui, après avoir occupé et mis en valeur les meilleures parties de son territoire, se montre peu soucieux de cultiver ses terres de qualité inférieure ou d'aller au loin, sur d'autres continents, mettre en valeur des terres inexploitées et élève la prétention de partager avec les nations voisines de riches territoires mis en valeur par celles-ci et convoitées par lui; il y a lieu de le rappeler au respect du droit et de lui faire observer que les territoires appartiennent à ceux qui les ont acquis par l'occupation ; que les nouveau-nés n'ont aucun droit sur les terres atteintes par l'appropriation, alors qu'il existe sur notre globe des terres désertes, et qu'ils sont tenus de se contenter des terres pauvres de leur domaine national et au besoin des terres inoccupées des autres continents, dussent-ils s'expatrier au loin dans des contrées moins agréables et moins salubres pour trouver le sol qui leur fait défaut.

Dans l'état actuel des choses l'absence de territoires libres n'est pas à redouter. Une grande partie de l'Amérique, certaines régions de l'Asie, possèdent encore de vastes espaces déserts et les principales nations de l'Europe, en se partageant l'Afrique, se sont ménagé un champ d'expansion pour de longs siècles.

Dans ces conditions, le problème du droit au sol et du droit à la vie ne se pose pour aucun peuple et c'est pourquoi il faut laisser à chacun d'eux sa liberté intérieure, l'autoriser à prendre toutes les mesures qu'il juge utile pour conserver son territoire et sa nationalité et lui demander seulement d'ouvrir ses frontières aux relations commerciales et de pratiquer envers l'étranger qui passe ou réside sur son sol une large et bienveillante hospitalité.

En ce qui concerne les colonies et pays de protectorat, nous avons introduit dans les statuts, en matière de nationalité, une restriction au principe de liberté gouvernementale interne que nous venons de revendiquer pour les nations mères. Nous demandons, en effet, que dans les colonies et pays de protectorat, les indigènes, ainsi que les fils d'étrangers nés et domiciliés dans le pays, soient admis à se prononcer sur les questions de nationalité, alors même que les lois imposées par la métropole leur refuseraient l'exercice des droits civils et politiques.

Dans la métropole, les nationaux sont toujours en nombre dominant et il n'y a pas lieu de se préoccuper des autres éléments de la population pour statuer sur les questions d'émancipation ou de changement de nationalité ; dans les colonies, il arrive souvent que les nationaux de la métropole y constituent une infime minorité en comparaison du nombre des indigènes et aussi du nombre des colons étrangers admis dans la colonie et y ayant établi leur domicile. Dans ce cas, les citoyens de la nation fondatrice ne peuvent élever la prétention tyrannique d'avoir seuls le droit de se prononcer sur les questions de nationalité, et il est de toute justice de conférer ce droit à tous ceux qui, en fait, sont devenus des citoyens de la colonie et ont le droit de statuer sur leur propre sort.

Ainsi donc, nous admettons que chaque puissance colonisatrice reste libre d'empêcher l'invasion de ses colonies par des nationalités étrangères ; mais nous demandons qu'elle accorde droit de cité et droit de vote, sur les questions de nationalité, aux indigènes ; et que, si elle a laissé des étrangers se fixer dans ses colonies, elle accorde pareil droit à leurs descendants qui se sont en quelque sorte fondus dans la population coloniale.

Il est entendu que la règle des statuts refusant à toute colonie le droit à l'émancipation, tant qu'elle n'offre pas par elle-même toutes garanties de civilisation et de bonne administration, resterait le correctif nécessaire de celle qui précède et s'opposerait à ce qu'une émancipation prématurée empêchât la nation fondatrice d'achever et de mener à bien l'œuvre civilisatrice entreprise par elle.

Cette question spéciale ainsi traitée, nous n'insistons pas davantage sur ce chapitre et laissons au Conseil international le soin de terminer l'œuvre ébauchée en utilisant les voies et moyens que lui réserve le dernier alinéa du chapitre des statuts consacré à son institution.

Il nous reste à parler de l'arbitrage et du désarmement qui constituent deux chapitres très importants des devoirs des nations; mais ces sujets comportant des développements étendus, nous les traiterons sous des titres distincts.

V

L'ARBITRAGE

Nous avons été amené, dans la première partie de ce travail, en faisant l'historique de l'idée de l'arbitrage et la critique des travaux de la Conférence de la Haye, à exprimer notre pensée sur cette question ; à démontrer que l'arbitrage facultatif ne saurait donner que des résultats illusoires et que l'arbitrage obligatoire seul pouvait donner des résultats positifs. Nous avons, en même temps, signalé les hésitations et les craintes qui avaient empêché l'adoption du principe obligatoire à la Conférence de la Haye et nous avons reconnu que, dans la circonstance, ces craintes étaient fondées.

Nous ne reviendrons pas sur les points traités ; mais maintenant que notre projet de statuts est rédigé et présenté, il nous reste à établir que son adoption ferait tomber toutes les objections contre l'arbitrage obligatoire que la convention de la Haye laissait subsister victorieuses.

Pour faire cette démonstration il y a lieu de passer en revue, non pas tous les conflits qui peuvent se produire et dont le champ est illimité, mais tous les intérêts qui peuvent être mis en jeu par ces conflits et les garanties dont notre projet les entoure.

Parlons d'abord des intérêts vitaux.

Le traité du 5 juillet 1894 entre les Pays-Bas et le Portugal contenait une clause d'arbitrage général pour tous les conflits où *l'indépendance et l'autonomie* de ces nations ne seraient pas mises en question, et l'article 10 du projet russe présenté à la Conférence de la Haye proposait aux puissances l'adoption de l'arbitrage obligatoire pour une série de cas déterminés, en tant que ces cas ne toucheraient ni aux *intérêts vitaux*, ni à l'honneur national des parties en litige.

Mais qu'entend-on, au juste, par intérêts vitaux ?

Il est permis de considérer que les seuls
intérêts réellement vitaux des peuples sont leur
indépendance et leur autonomie. C'est ce que
les Pays-Bas et le Portugal paraissent avoir
pensé d'après les termes du traité de 1894.

L'importance de ces intérêts est dominante
et on comprend que, lors de la Conférence de
la Haye, les puissances aient hésité à permettre à des arbitres de pouvoir mettre en question leur indépendance et leur liberté intérieure.
Leur hésitation était d'autant plus compréhen-
sible qu'il était bien difficile de déterminer les
conflits non susceptibles de toucher aux intérêts
vitaux, soit en raison de la nature même de
l'affaire, soit en conséquence des sanctions
imprévues que pouvaient imposer des arbitres
dégagés par la Conférence de tout frein légal.
C'est pourquoi le problème, tel qu'il était posé,
devenait insoluble.

Les statuts que nous proposons n'autorisent
pas de semblables craintes ; car ils proclament
l'indépendance et l'autonomie des peuples
comme étant des droits sacrés, placés sous la
garantie effective de toutes les puissances contractantes et intangibles par qui que ce soit,

même par des arbitres. De là résultent deux
conséquences très importantes et qui s'enchaînent :

La première, c'est que la cour d'arbitrage
ne pouvant, par ses sanctions, porter atteinte,
en aucun cas, aux intérêts vitaux des peuples,
il n'y a plus lieu de redouter ses sentences.

La seconde, c'est que rien ne s'oppose plus
à ce que tous les conflits lui soient déférés
sans exception, ce qui permet de dégager l'arbitrage obligatoire de toute restriction et d'assurer la solution pacifique de tous les conflits.

Poursuivons maintenant l'énumération commencée.

Nous pouvons encore admettre, à la rigueur,
que les questions économiques puissent parfois
être considérées comme des questions vitales ;
mais, ici encore, nous croyons avoir pris dans
les statuts toutes précautions utiles pour qu'aucun mécompte grave ne puisse se produire.
Les statuts donnent, en effet, aux nations
toute latitude pour fixer à leur fantaisie les
droits de douane à percevoir sur leurs frontières ; elles restent donc libres de restreindre
ou d'étendre leurs exportations, de favoriser

ou de grever les importations étrangères selon leurs besoins et libres aussi de passer avec les autres nations tous les traités de commerce qu'elles voudront.

Les difficultés pouvant naître de l'interprétation et de l'exécution de ces traités seront, il est vrai, de la compétence de la cour d'arbitrage, mais celle-ci ne pourra avoir à trancher que des questions subsidiaires et le droit général garanti à chaque peuple de régler à sa guise ses importations et ses exportations ne saurait être mis en péril. Si, d'ailleurs, les nations redoutent quand même quelque surprise, il leur sera loisible de ne conclure que des traités de commerce à durée limitée, de façon à réduire à des conséquences peu graves les maladresses et les oublis commis par elles-mêmes dans la rédaction de ces traités et aussi les erreurs d'appréciation théoriquement possibles de la cour d'arbitrage.

En dehors des questions d'honneur qui forment une catégorie à part et auxquelles nous réservons un paragraphe spécial, nous ne voyons plus à pouvoir être mis en jeu que des intérêts pécuniaires tels que ceux résultant des collisions en mer, des questions financières, postales, de chemins de fer, de propriété et autres ; mais tout cela aboutit à de misérables questions d'argent qui doivent se résoudre par de l'argent et non par des guerres et pour lesquelles l'arbitrage s'impose.

Il nous reste à examiner le point le plus délicat, les questions d'honneur. Ici encore il s'agit de ne pas se laisser éblouir par les mots et de pénétrer dans le domaine des faits.

Les questions d'honneur national ont pour origine une injure grave dont un autre peuple s'est rendu coupable ; or nous ne voyons qu'une injure grave de peuple à peuple qui devienne fatalement un *casus belli* et ne puisse s'accommoder de l'arbitrage ; c'est la violation des frontières par un peuple voisin faisant irruption, les armes à la main, en manifestant l'intention de dévaster, conquérir ou dominer d'une façon quelconque le territoire envahi.

Mais, si pareil fait brutal se produisait, le Conseil international ferait intervenir immédiatement la force armée tenue en réserve dans ce but par les nations garantes, afin de châtier celui qui aurait rompu le pacte de paix. Quant

à la sentence arbitrale qui interviendrait ultérieurement pour fixer les satisfactions dues à
l'offensé, elle n'aurait pas à s'occuper de la
question vitale d'indépendance résolue par l'intervention collective, mais seulement des réparations morales et des indemnités pécuniaires
dues à la nation envahie, c'est-à-dire de question d'intérêt secondaire.

Raisonner sur une question de ce genre est,
d'ailleurs, prévoir l'invraisemblable, car il
n'existe pas de puissance qui serait tentée,
sous l'empire du pacte, de se lancer dans une
aventure où elle courrait à un échec matériel
et moral absolument certain.

Quelles sont les autres injures graves pouvant atteindre l'honneur d'une nation?

En dehors du cas d'invasion qui précède,
l'injure collective d'un peuple ne peut se traduire que par des écrits ou par des paroles et
c'est un fait qui ne s'est jamais vu. L'injure
ne peut donc émaner que d'un citoyen isolé ou
d'un groupe de citoyens ou de leur gouvernement.

Dans les deux premiers cas l'injure n'a point
un caractère national et il n'y a pas lieu d'en

faire état ; si au contraire l'injure émane d'un gouvernement étranger ou de son représentant accrédité, la question change et l'injure revêt un caractère collectif ; mais y a-t-il lieu pour cela de soustraire la question à la compétence arbitrale et de laisser les nations en venir aux mains et s'exterminer ?

Nous ne sommes plus au temps où les peuples étaient la chose des souverains et où ceux-ci froissés dans leurs rapports réciproques par une bravade ou une plaisanterie de mauvais goût, se lançaient dans des guerres interminables, faisaient décimer leurs sujets et entassaient ruines sur ruines ; ni aux temps de ces duels épiques où les témoins tiraient l'épée en même temps que leurs commettants et où quelqu'un d'eux restait toujours sur le pré. Dans beaucoup de nations, le duel n'est même plus en usage pour résoudre les questions d'honneur.

Maintenant que les temps héroïques de l'histoire sont passés, on voit les choses avec plus de calme, d'humanité et de philosophie et on est plutôt porté, dans les questions d'honneur, à exiger des réparations morales que des vengeances sanglantes et à penser qu'il est plus sage et plus sûr pour un peuple offensé d'obtenir une satisfaction honorable que de se lancer dans une guerre où, au lieu de remplir le rôle de justicier, il éprouvera peut-être d'irréparables revers qui le conduiront à subir le joug de l'offenseur victorieux.

Aussi, après avoir réglé par les statuts la question d'honneur résultant des violations de frontières, nous croyons répondre aux tendances actuelles et rester dans l'esprit de notre œuvre de paix, en proposant que toutes autres questions d'honneur soient soumises au Conseil international qui se constituera en jury d'honneur, donnera satisfaction à l'offensé en proclamant le tort de son adversaire et stipulera subsidiairement, quand il y aura lieu de le faire, toutes réparations morales et toutes indemnités pécuniaires.

Dans la pratique, tout se réduira à des incidents regrettables, mais non prémédités et n'ayant, en tout cas, rien d'irréparable. Il s'agira d'incidents de frontières, d'insultes au drapeau, de citoyens molestés, de navires visités, capturés ou coulés et autres événements analogues formant le contre-coup de troubles intérieurs ou causés soit par des malentendus, soit par des initiatives privées irréfléchies ou malheureuses. Ces diverses questions n'intéressent pas à fond l'honneur national, et quand les nations n'ont pas le désir de les faire servir de prétexte à des agressions et à des conquêtes, elles ont coutume de les régler par la diplomatie. Laissons-les donc employer cette voie et faute par elles de s'entendre, imposons-leur l'intervention d'un jury d'honneur afin d'assurer la paix du monde.

Comme conclusion à ce chapitre, nous estimons qu'en combinant l'institution d'une cour d'arbitrage avec celle d'une loi internationale écrite et avec un pacte international garantissant l'observation de cette loi, on limite à un juste degré les pouvoirs des arbitres, on guide leur jurisprudence dans une voie fixe et on permet ainsi aux nations d'adopter sans restrictions et sans crainte l'arbitrage obligatoire.

VI

LA RÉDUCTION DES ARMEMENTS

La question de la réduction des armements entrait comme celle de l'arbitrage dans le programme des travaux de la Conférence de la Haye.

MM. Staal et Gilinsky, délégués de Russie, expliquèrent que leur gouvernement, écartant toute pensée chimérique, proposait simplement la non-augmentation pendant cinq ans du chiffre des effectifs et de celui des budgets de la guerre et de la marine chez les diverses nations contractantes. Ils ajoutèrent que plusieurs nations telles que l'Allemagne et la Russie avaient déjà adopté l'usage de fixer pour des périodes de cinq et sept ans le chiffre des effectifs et des dépenses militaires et que la mesure proposée généralisait simplement cet usage.

Cette proposition ne fut pas admise.

Le colonel de Gross de Schwarzhoff, délégué d'Allemagne, fit observer qu'une entente sur ce point serait bien difficile ; que, pour maintenir les nations sur le pied d'égalité, il ne suffisait pas d'envisager le chiffre des effectifs, qu'il fallait tenir compte de divers autres éléments tels que le degré d'instruction des conscrits, la durée du service militaire, la situation géographique, le développement des voies ferrées, le nombre et la résidence des troupes coloniales pouvant coopérer avec celles de la mère patrie et que, d'ailleurs, l'Allemagne se trouvait au cours d'une période qui comportait des augmentations successives d'effectifs auxquelles elle ne pouvait renoncer.

Les délégués de Suède et de Grèce firent observer, de leur côté, que leurs pays traversaient une période de réorganisation militaire et qu'ils ne pouvaient, sans se condamner à l'infériorité, accepter le maintien du *statu quo*.

Bref, la Conférence en vint à décider, presque à l'unanimité :

1° « Qu'il serait très difficile de fixer, même « pour une période de cinq ans, le chiffre des

« effectifs sans régler en même temps d'autres
« éléments de la défense nationale ; »

2° « Qu'il serait non moins difficile de régler
« par une convention internationale les éléments
« de cette défense organisée dans chaque pays
« d'après des vues très différentes ; »

« Qu'en conséquence la Conférence regret-
« tait de ne pouvoir accepter la proposition faite
« au nom du gouvernement russe, estimant
« qu'une étude plus approfondie de la question
« par les gouvernements eux-mêmes était à
« désirer. »

Puis, sur la proposition de M. Léon Bourgeois,
délégué plénipotentiaire de France, président
de la commission de l'arbitrage, la Conférence
adopta le vœu suivant :

« La Conférence estime que la limitation
« des charges militaires qui pèsent actuellement
« sur le monde est grandement désirable pour
« l'accroissement du bien-être matériel et moral
« de l'humanité. »

Comme on le voit, la Conférence n'accepta ni
la réduction ni même la non-augmentation des
armements et laissa à chaque nation toute sa
liberté.

Nous venons de rapporter les motifs qui furent invoqués à la Conférence ; mais il en était un autre, le vrai, dont personne n'osa parler. Le programme de la Conférence laissait à chaque nation la tâche de défendre elle-même ses intérêts vitaux, c'est-à-dire son indépendance et son autonomie. Dans ces conditions chaque nation ne voyait son salut que dans sa propre force et ne voulait pas être contrariée dans ses efforts pour mettre son armée à la hauteur de la tâche qui lui incomberait en temps de guerre. Songer au désarmement ou même seulement à la limitation des armements était impossible dans ces conditions.

Si, au contraire, nous nous plaçons sous le régime du pacte de paix proposé par nous, cette objection qui, à la Conférence de la Haye, était toute-puissante, tombe d'elle-même ; car les nations se garantissant réciproquement leur indépendance et leur autonomie trouveront une bien meilleure sauvegarde dans cette entente que dans la valeur de leurs armées toujours exposées à succomber sous les revers de la fortune ou sous le poids d'invincibles coalitions.

Quant aux raisons secondaires invoquées à la Conférence, nous les considérons plutôt comme des prétextes que comme des motifs sérieux et dirimants et, le jour où les gouvernements accepteront franchement le principe du désarmement, il leur sera facile de s'entendre sur les procédés à adopter.

Nous n'avons pas cru devoir, lors de la rédaction des statuts, entrer dans les détails d'exécution en matière de désarmement, estimant que cette question était purement technique et ne pouvait être résolue qu'à la suite d'une entente entre les représentants de toutes les puissances. Voici toutefois l'ordre d'idées dans lequel nous conseillerions de chercher une solution.

Nous prévoyons dans les statuts que le Conseil international sera chargé de fixer la valeur numérique des armées de terre et de mer que chaque nation aura le droit d'entretenir.

Ce système a nos préférences, car nous estimons qu'une entente sera beaucoup plus facile entre les membres de ce Conseil délibérant sous l'empire de leurs idées personnelles et se courbant sous la loi des majorités, qu'entre les délégués des gouvernements agissant en vertu de mandats impér: 'ifs et sous réserve de la ratification de leurs commettants qui ne croiront jamais avoir assez formulé d'exigences et n'avoir jamais pris assez de précautions pour sauvegarder les intérêts confiés à leurs soins.

Si cependant les gouvernements ne pouvaient se résoudre à confier des pouvoirs aussi étendus au Conseil international, il serait politique de les admettre à procéder à une entente préalable et à ratifier cette entente en même temps qu'ils ratifieraient les statuts définitifs ; mais ils devraient toutefois laisser au Conseil une certaine marge dans laquelle il puisse se mouvoir pour statuer au sujet des effectifs suivant les événements qui pourraient se produire dans la vie des nations.

En principe, il sera logique de fixer le nombre des soldats que chaque nation pourra conserver en proportion de sa population ; cependant cette règle ne devra pas être absolue. Dans les pays où les races et les religions sont très mélangées, les explosions de fanatisme sont fréquentes, les troubles très graves et la force publique doit y être plus puissamment organisée qu'ailleurs. Il en est de même dans les jeunes colonies non encore complètement pacifiées. Par contre, il serait dangereux pour la paix générale d'autoriser certaines nations telles que la Chine et l'Inde, dont les populations réunies dépassent sept cent millions, à armer leurs habitants dans la même proportion que les nations d'Europe qui en comptent seulement environ trois cent trente millions. Il faudra donc faire état de ces divers éléments d'appréciation pour fixer le coefficient armé de chaque peuple, en veillant avec soin à ce qu'aucun d'eux ne puisse se créer une supériorité sur les autres en dépassant par un procédé quelconque les limites fixées pour le nombre des armes et pour celui des citoyens exercés à leur maniement.

Quant à l'organisation de la force armée que les nations conserveraient, voici la combinaison à laquelle nous avons songé.

Chaque nation diviserait cette force en deux catégories :

La première comprendrait les forces de police destinées à permettre aux gouvernements d'assurer leur sécurité et leur stabilité et de réprimer tous troubles intérieurs. Ces forces de police, composées à peu près exclusivement d'infanterie et de cavalerie, recevraient un armement simple, aussi peu meurtrier que possible et adapté à la tâche qu'elles auraient à remplir tant dans la métropole que dans les colonies.

La seconde catégorie comprendrait le corps expéditionnaire que chaque nation aurait le devoir d'entretenir pour prendre part aux actions communes destinées à assurer l'observation de la loi des nations.

Ce corps expéditionnaire comprendrait, suivant les aptitudes et les facultés de chaque nation, des troupes de terre ou une escadre, ou un corps mixte ; et l'armement de ces troupes serait aussi perfectionné que possible. Les très petites nations et les principautés qui ne pourraient fournir un contingent militaire appréciable pourraient être simplement tenues à des subsides en argent et ces subsides seraient versés à la bourse commune internationale.

Chaque nation aurait toute latitude pour organiser à son gré ses forces de police dès lors que son contingent ne dépasserait pas le maximum autorisé, mais elle serait tenue de suivre les prescriptions du Conseil pour la composition et l'armement du corps expéditionnaire qu'elle devrait tenir à sa disposition.

C'est le Conseil qui, en vertu de son autorité supérieure en matière de questions internationales, organiserait, dès le temps de paix, le commandement et le fonctionnement de l'ensemble des corps expéditionnaires et, en cas de besoin, les mettrait en mouvement.

L'intervention récente des principales nations civilisées, lors de l'attaque de leurs légations en Chine, a constitué une mesure analogue à celle que nous proposons. Elle offrirait donc, en même temps qu'un précédent, un sujet d'études pour le Conseil international dans la recherche du meilleur mode d'organisation désirable.

Il nous reste encore une question à examiner. Que deviendront les officiers formant les cadres des armées existantes ; et que fera-t-on des navires de guerre ancrés dans les ports et du matériel de combat amoncelé dans les arsenaux ?

Les plus jeunes officiers pourront trouver un emploi dans les troupes de police et dans les corps expéditionnaires, les plus âgés pourront être congédiés avec une retraite proportionnelle ;

et, malgré la charge, passagère d'ailleurs, de ces retraites, les États y trouveront encore un avantage marqué.

Quant à l'excédent du matériel de guerre, nous ne voyons, malgré les nombreux milliards qu'il représente, qu'un parti à prendre : le réformer, le transformer et lui donner une utilisation industrielle autant que faire se pourra.

En pareille matière les mesures les plus radicales sont les meilleures, c'est pourquoi nous conseillons le désarmement immédiat dans les conditions qui précèdent. Il se peut que certaines nations aient de la peine à se résoudre à congédier du jour au lendemain leurs officiers et à jeter au cubilot du fondeur les armes perfectionnées qui auront été la sauvegarde de la patrie pendant tant d'années ; mais nous ne saurions trop les mettre en garde contre les inconvénients et les dangers de demi-mesures transitoires telles que la réduction progressive des armements et le déclassement progressif du matériel de guerre. Il en résulterait des dépenses inutilement prolongées et, peut-être, la tentation mauvaise d'un ultime recours à la force des armes.

VII

CONSTITUTION DU CONSEIL INTERNATIONAL

L'établissement d'une loi commune et d'un contrat de société entre les nations exige un pouvoir central indépendant chargé d'assurer leur observation.

Les statuts qui précèdent ont répondu à ce besoin en instituant un Conseil international.

En réglant la composition de ce Conseil nous sommes parti des principes suivants :

Le Conseil devra résider en permanence dans la ville qu'il aura choisie pour siège, car il sera composé des délégués de nations éparses sur tous les points du globe et il sera indispensable que ces délégués puissent se réunir instantanément pour concilier dès leur début tous différends et résoudre toutes difficultés.

Comme conséquence, il est nécessaire de restreindre au strict minimum le nombre des délégués, de manière à ne pas priver chaque nation des services au pays d'un trop grand nombre d'hommes éminents. On aurait tort, d'ailleurs, de constituer une assemblée délibérante trop nombreuse, car ces assemblées ont le défaut de compter trop d'individualités de valeur secondaire et les discussions y sont confuses et interminables. Aussi, à ceux qui nous citeraient le vieil aphorisme : « du choc des idées jaillit la lumière », en ajoutant que, plus il y a d'idées, plus il doit y avoir de lumière; nous répondrions qu'il ne faut pas trop d'idées si on ne veut pas les voir s'entremêler au point d'engendrer la confusion, l'obscurité et l'impuissance.

La Conférence de la Haye était composée, ainsi que nous le proposons, d'un petit nombre de membres, et on ne saurait trop rendre hommage au mérite exceptionnel des hommes qui y ont pris part, à la courtoisie et à la distinction qui ont présidé à leurs rapports. Ce précédent ne peut donc que confirmer la valeur de notre thèse.

Ici se place une question fort délicate : Comment doit-on régler la représentation de chaque nation ?

A la Conférence de la Haye chacune d'elles comptait, à quelques exceptions près, de deux à trois délégués plénipotentiaires ; mais il fut entendu que les plus importantes comme les plus petites n'auraient droit qu'à une seule voix.

Nous n'avons pas cru devoir adopter cette règle qui mettait toutes les nations sur le même pied d'égalité et nous nous sommes inspiré, dans la recherche de la solution, des considérations suivantes :

1° La représentation des nations doit, autant que possible, être proportionnelle au nombre des habitants, et ce, afin de respecter la juste loi des majorités ;

2° Mais il faut éviter que deux ou trois nations ayant une population considérable, comme la Chine et l'Inde, puissent, au cas où elles viendraient à être admises au Conseil, constituer à elles seules la majorité[1] ;

1. La population de la terre entière, y compris les peuples non organisés de l'Afrique et des autres continents, est évaluée à 1500 millions. D'après les dernières statis-

3° Il est désirable, enfin, que les très petites nations et les principautés puissent faire entendre leur voix au Conseil, sans qu'on doive pour cela leur accorder la même représentation qu'à des nations dix fois plus importantes et qui, cependant, n'ont droit qu'à un seul délégué.

C'est pourquoi nous avons proposé d'accorder seulement voix consultative aux peuples qui comptent moins de trois millions d'habitants et d'accorder à chacun des autres peuples autant de voix qu'il compte de fois dix millions d'habitants, mais sans pouvoir dépasser le maximum de trois voix.

Cette solution donnera une juste satisfaction aux grandes puissances tout en laissant subsister au sein du Conseil une division des intérêts suffisante pour écarter le danger des coalitions. Les petites et moyennes nations y compteront, il est vrai, relativement plus de voix que les grandes, mais quel inconvénient peut-il en résulter? Ces nations sont pacifiques par nécessité, leurs intérêts en dehors de leurs territoires sont très restreints, et, par suite, elles consti-

tiques, celle de la Chine et de l'Inde s'élève à 710 millions.

tuent des juges très désintéressés. Aussi préfé-
rons-nous voir trente petites nations en juger
deux grandes que de confier les intérêts de
l'une d'elles au jugement de deux peuples tels
que la Chine et l'Inde.

Nous avons exclu du Conseil les nations qui
n'en sont pas dignes. A celles-là il appartient
d'être jugées et non de juger les autres, et nous
n'avons même pas cru devoir leur accorder
l'honneur d'entrer au Conseil avec voix consultative.

Ni cette disposition ni les autres règles acces-
soires de ce chapitre ne nous paraissant discu-
tables, nous passons à l'examen des attributions
du Conseil.

VIII

ATTRIBUTIONS ET POUVOIRS DU CONSEIL
INTERNATIONAL

Afin de ne pas multiplier les rouages, nous donnons au Conseil les divers rôles de législateur, de conciliateur, de jury d'honneur et d'arbitre ; or nous avons critiqué *supra*, p. 40, la réunion en la même personne des fonctions de législateur et d'arbitre ; mais il s'agit de s'entendre.

Les délégués seraient exclusivement des législateurs pendant la période initiale au cours de laquelle ils prépareraient la loi des nations ainsi que le pacte international définitif et soumettraient leur œuvre à la ratification des gouvernements. La loi adoptée, ils n'y pourraient plus toucher et auraient simplement qualité pour certaines réglementations spécialement autorisées. Quant à leurs fonctions arbitrales, ils n'en seraient investis qu'au moment où la loi et le pacte international seraient devenus exécutoires, ce qui ne leur permettrait de cumuler à aucun moment les fonctions de législateur et de juge.

Nous avons prévu que le Conseil pourrait remplir le rôle de conciliateur et s'acquitterait ainsi de fonctions analogues à celles qu'ont en France les juges de paix. Il est préférable, en effet, quand la conciliation paraît possible, d'y avoir préalablement recours ; car la conciliation, en même temps qu'elle éteint une difficulté, n'en laisse subsister aucune trace écrite. La sentence arbitrale, au contraire, si équitable qu'elle soit, blesse toujours l'amour-propre du plaideur qui succombe, en constatant son tort et en le faisant ressortir par l'exposé des motifs qui légitiment la sentence.

Les fonctions de conciliateur ne sauraient être remplies par l'ensemble des arbitres et il est préférable qu'il n'y ait pas cumul entre les fonctions de conciliateur et d'arbitre. On pourrait donc confier cette tâche à l'un des vice-présidents et celui-ci, à défaut de conciliation, ne pourrait pas siéger avec ses collègues chargés de rendre la sentence.

Après avoir parlé des attributions du Conseil nous avons à examiner quels doivent être ses pouvoirs.

Il est nécessaire qu'ils soient limités, mais très larges dans l'étendue des limites permises. Nous nous expliquons.

Il faut qu'ils soient limités, non pas quant à la nature des difficultés que les arbitres auront à résoudre, puisqu'ils doivent pouvoir juger tous les cas qui se présentent, mais quant aux sanctions qu'ils auront le droit de prescrire, de façon à ne pouvoir porter aucune atteinte aux intérêts vitaux des peuples, ainsi que nous l'avons expliqué, *supra*, p. 125.

Mais, si nous limitons les sanctions mises à la disposition du Conseil, nous lui laissons, dans les limites permises, tous pouvoirs pour qu'il puisse statuer immédiatement sur les affaires qui lui sont soumises et stipuler les sanctions autorisées. Quant à ces pouvoirs, il faut, comme nous le proposons, qu'il les tienne des statuts mêmes, car ses membres ne sauraient être tenus de demander à leurs gouvernements un mandat spécial pour chaque affaire, et ils ne doivent être exposés ni à des retards, ni à des refus de mandat.

Nous avons maintenant à examiner la plus délicate, peut-être, de toutes les questions que nous avons eues à traiter.

La sentence d'arbitrage sera-t-elle susceptible d'appel, de cassation, de révision ou d'un recours quelconque ?

Nous optons pour la négative, car le but de l'arbitrage étant de terminer amiablement et définitivement une contestation, ce serait le classer au rang des décisions de justice ordinaires que de lui enlever son caractère dominant. L'adoption d'un mode de recours aurait, d'ailleurs, l'inconvénient grave d'affaiblir l'autorité des arbitres et de laisser trop longtemps en suspens la solution du conflit.

A la Conférence de la Haye, cette question a été l'objet de longues discussions. Certains délégués soutenaient énergiquement la théorie que nous venons d'indiquer ; d'autres, obéissant aux instructions de leurs gouvernements, ont déclaré que s'ils admettaient, en principe, le caractère définitif de l'arbitrage, ils tenaient tout au moins à ce que la sanction fût susceptible de révision, au cas où la découverte d'un fait nouveau viendrait à se produire ; c'est pourquoi la Conférence décida, à la majorité, que ce moyen de révision pourrait être invoqué et conseilla aux parties en litige de fixer à trois mois le délai pendant lequel il pourrait être admis.

Nous ne partageons pas l'avis de la Conférence et croyons que ce mode de recours doit être écarté aussi bien que tous autres.

Il faut songer que la sentence arbitrale sera rendue par des hommes éminents, nombreux et désintéressés, que leur décision sera entourée de toutes les précautions utiles pour défier l'erreur et la partialité, et qu'aucune autre Cour de justice ne saurait présenter d'aussi sérieuses garanties. Il convient donc que ces arbitres prononcent en premier et en dernier ressort. Quant au fait nouveau, il est tellement rare qu'on ne peut instituer des règles exceptionnelles pour le prévoir. C'est d'ailleurs aux intéressés à fournir aux arbitres, dès le principe, tous documents servant leur cause et tous éléments d'appréciation.

S'ils négligent de le faire, ils sont en faute et on doit leur appliquer la règle de droit civil : *Jura vigilantibus,* par laquelle sont punies la négligence du propriétaire qui, faute de jouir de son bien, le laisse acquérir par un tiers au moyen de la prescription, et celle du créancier qui ne fait pas valoir en temps utile ses droits contre son débiteur.

La révision offre, d'ailleurs, des inconvénients spéciaux.

Pourquoi limiter au délai insignifiant de trois mois plutôt qu'à trois ans ou à dix ans le délai de révision si on redoute à ce point la découverte d'un document ignoré ou d'un fait resté inconnu. Un délai aussi bref peut être considéré comme inutile ; mais s'il faut l'augmenter on se heurte à de graves difficultés.

Supposons, par exemple, qu'une émancipation de colonie ait lieu et qu'après deux ans écoulés on découvre une fraude de scrutin ayant autorisé cette émancipation en déplaçant de cinquante voix la majorité. Ira-t-on replacer la colonie sous la domination de la métropole et tenir pour nul un fait acquis depuis deux années parce que sur quatre millions d'habitants 2 999 950 au lieu de 3 000 000 se seront prononcés pour le détachement. Prenons maintenant un exemple invoqué à la Conférence de la Haye par les partisans de la révision et supposons une sentence rendue par le Conseil pour délimiter une frontière. Après trois années on s'aperçoit, par la découverte d'une ancienne carte, que la ligne frontière adoptée par le Conseil est inexacte. Des frontières aussi vagues, aussi peu connues ne se rencontrent que dans les contrées désertes des colonies où le terrain a peu de valeur et l'intérêt en jeu est alors bien minime. En tout cas il n'est pas admissible qu'on oblige les citoyens qui, sur la foi de la sentence sont venus s'établir sur la zone jadis contestée, à changer de nationalité et à voir leurs intérêts matériels compromis. C'est à la nation qui avait égaré ses archives à porter la peine de sa négligence et à subir le fait accompli.

Nous pourrions multiplier les exemples, mais nous croyons inutile de le faire et nous sommes convaincu que le recours à la révision serait abandonné si la question se posait à nouveau.

Nous devons avouer toutefois que, si nous

sommes d'avis de réserver pleinement à l'arbitrage son caractère définitif, nous nous demandons si tout le monde partagera cette opinion et si les gouvernements des nations qui, à la Haye, n'abordaient l'arbitrage qu'avec des réticences et des précautions infinies, changeront d'allures et s'abandonneront à lui avec une absolue confiance? Nous l'espérons; mais, comme l'hypothèse contraire est admissible, nous nous sommes préoccupé de ce qu'il y aurait à faire pour calmer les inquiétudes des gouvernements.

Dans ce cas, nous écarterions la révision pour admettre seulement une voie de recours dont l'exercice serait immédiat, afin de ne pas laisser trop longtemps en suspens les intérêts en jeu, et cette voie de recours serait la cassation pour erreur de droit, telle qu'elle est admise en France devant la cour suprême.

La Conférence de la Haye, qui ne raisonnait pas en conséquence d'une loi internationale écrite, ne pouvait songer à ce recours que l'organisation proposée par nous rendrait admissible. Nous devons même convenir que ceux qui en demanderaient l'adoption auraient d'excellents arguments à faire valoir, car la loi nouvelle formant la garantie des nations devrait être respectée et par les nations elles-mêmes et par les arbitres internationaux; et si, contre toute attente, ces derniers venaient à la violer, il serait logique que leur sentence fût cassée.

En conséquence nous indiquons ci-dessous comment on pourrait organiser le recours en cassation[1], mais nous signalons en même temps les inconvénients qu'il y aurait à donner à l'ar-

---

1.   *Du recours en cassation.*

Toute sentence arbitrale du Conseil peut être frappée de pourvoi en cassation par les nations dont elle met les intérêts en jeu; mais ce recours n'est recevable que si la loi des nations a été violée par la sentence. Il doit être écarté de plein droit dans toute autre hypothèse.

Le pourvoi doit être formé dans la huitaine de la notification de la sentence à l'intéressé et notifié dans le plus bref délai au président du Conseil international.

Ce pourvoi est suspensif de toute mesure d'exécution à moins d'urgence, ce dont le Conseil est juge.

Dans la quinzaine de sa notification, la nation qui l'a formé adresse un mémoire explicatif au Conseil fédéral suisse à qui incombe la mission de statuer sur le recours en cassation.

Le Conseil fédéral décide si le pourvoi est admissible, faute de quoi la sentence devient définitive.

L'admission ne peut être prononcée qu'à la majorité absolue des voix et doit être motivée

Quand le pourvoi est admis l'affaire est renvoyée devant le Conseil international, qui doit rectifier sa senl itrage un caractère hybride tenant à la fois de l'arbitrage et de la justice ordinaire et la difficulté qu'on éprouverait à créer une sorte de cour suprême très distincte de la cour arbitrale et possédant une autorité suffisante pour être admise à casser les sentences de cette cour.

Nous avions pensé, d'abord, à confier les fonctions de membres de la Cour de cassation aux gouvernements ou aux chefs d'États, mais l'impossibilité où ils seraient de se réunir pour délibérer en commun nous a fait écarter ce moyen. Nous avons songé, alors, au Conseil fédéral suisse, qui est la plus haute autorité de la Confédération Helvétique, et dont le choix semble devoir être accepté facilement, car la Suisse étant une puissance neutre, sans colonies et sans accès sur les mers, est beaucoup moins exposée qu'une autre aux conflits internationaux et compte parmi les rares nations d'Europe qui n'ont pas d'ennemis.

Cette solution nous conduit à exprimer le vœu que la Suisse soit choisie comme siège du

tence en tenant compte de l'avis du Conseil fédéral suisse et la sentence rectifiée ne devient définitive que quand elle a reçu l'exequatur de ce dernier Conseil.

Conseil international afin de faciliter les communications entre la cour d'arbitrage et le Conseil fédéral et d'offrir en même temps aux délégués des nations un lieu de réunion plus central que la capitale des Pays-Bas.

Les autres dispositions relatives aux pouvoirs du Conseil international et celles qui ont été insérées au chapitre intitulé « Durée du pacte — Modifications aux statuts » ne nous paraissent pas exiger des commentaires spéciaux. Nous ferons simplement observer que nous avons cru désirable d'empêcher qu'on ne modifiât les statuts trop facilement et sans raisons majeures et que nous avons entouré ces modifications de précautions analogues à celles en usage dans les sociétés commerciales.

Avant de quitter ce chapitre nous avons à répondre à deux objections possibles :

Mais, nous dira-t-on, croyez-vous que les empereurs et les rois qui gouvernent la plupart des États accepteront d'avoir à compter avec le Conseil international, cette puissance supérieure qui fera les règlements internationaux, jugera les empires, fera la police dans le monde entier et aura le pouvoir de châtier les gouvernements et les peuples coupables de méconnaître la loi des nations et de troubler la paix générale?

Nous répondrons que notre initiative n'est pas la première qui se produit en ce sens et que c'est à la monarchie absolue que nous devons les projets les plus marquants.

Pour ne rappeler que les propositions sérieuses et désintéressées, nous citerons la proposition faite par Henri IV, roi de France, à l'instigation de Sully, de former une confédération des États européens au nombre de quinze, avec un tribunal arbitral pour trancher leurs conflits sous la présidence honorifique du pape ; et, de nos jours, la proposition faite par le monarque absolu du plus puissant empire du monde, l'empereur de Russie Nicolas II qui, s'inspirant avec une grande élévation d'âme de l'intérêt des peuples et des idées de paix et de justice suprême, n'a pas hésité, en proposant à la Conférence de la Haye l'adoption du principe obligatoire de l'arbitrage et la création d'une cour d'arbitrage internationale, à instituer des juges auxquels lui-même serait, le cas échéant, tenu de se soumettre.

Dans ces conditions, il est naturel de penser que les autres souverains d'Europe, tous chefs de monarchies constitutionnelles et habitués à compter avec les volontés de la nation exprimées par les parlements, ne sauraient se montrer moins libéraux que des monarques absolus tels qu'Henri IV et l'empereur de Russie.

Il est d'ailleurs à remarquer que les pouvoirs conférés au Conseil international ne s'appliquent qu'aux relations extérieures des peuples, que ce Conseil n'aura pas à s'immiscer dans l'administration intérieure des États et que ce n'est pas empiéter sur les attributions des souverains que d'attribuer à une autorité internationale la police du globe qui n'est l'apanage d'aucun chef d'État ni d'aucun peuple.

Nous avons la ferme conviction que, pénétrés avant tout des devoirs de leurs charges dont le principal est de subordonner toute question de susceptibilité et d'orgueil personnels à l'intérêt et au bonheur de leurs peuples, aucun souverain n'hésitera à reconnaître l'autorité d'un Conseil international qui ne constituera qu'un simple perfectionnement des tribunaux d'arbitrage auxquels tous les gouvernements ont eu, de leur plein gré, si fréquemment recours depuis une trentaine d'années.

Si, contre toute attente, des souverains oubliaient leurs devoirs les plus sacrés et faisaient personnellement obstacle au désir qu'ont les peuples de vivre en paix et de se voir délivrés du fléau de la paix armée, ces souverains commettraient une faute bien lourde et bien dangereuse au point de vue de leur intérêt personnel et de celui de leur dynastie, en obligeant leurs peuples à leur rappeler les devoirs qu'ils auraient méconnus.

Dernière objection.

Le Congrès universel de la paix ne s'est pas montré partisan, jusqu'ici, de la création d'un pouvoir quelconque ayant mission de faire exécuter, même par la force, les sentences arbitrales internationales. Le quatrième congrès notamment a adopté la résolution suivante :
« Le Congrès est d'avis que les sentences
« arbitrales ne soient jamais sanctionnées par
« des mesures d'exécution qui, de quelque
« manière que ce soit, aient le caractère d'actes
« de guerre et puissent conduire à la guerre

« ou à la destruction de vies humaines ou de
« propriétés publiques ou privées ».

Mais une distinction s'impose.

Dans l'état actuel des choses où l'arbitrage
est facultatif, la solution du Congrès est très
juste, car les gouvernements qui chargent des
arbitres de trancher un conflit né entre eux
s'engagent d'honneur et par écrit à exécuter
la décision des arbitres quelle qu'elle soit.
Dans ces conditions, les arbitres qui tiennent
leurs pouvoirs des parties en litige n'ont ni le
mandat de prescrire des mesures de coercition,
ni la possibilité de les faire exécuter. Ils
feraient preuve, d'ailleurs, d'un manque de
tact absolu en parlant de sanctions pénales à
deux gouvernements, au moment où ceux-ci se
sont mis d'accord pour régler amiablement les
difficultés qui menaçaient de les diviser.

Mais, si le principe obligatoire de l'arbitrage
doit prévaloir, ainsi que nous le proposons,
la question change, car s'il n'existe pas un
pouvoir supérieur international chargé d'assurer par tous les moyens nécessaires l'exécution
des décisions arbitrales, l'arbitrage perdra en
fait son caractère obligatoire et ne pourra plus

ni garantir la paix, ni permettre la réduction des armements, ce qui nous ramènera fatalement à la paix armée et à la déplorable situation actuelle.

Nous ajouterons qu'un pouvoir international tel que celui que nous proposons constituerait non pas une puissance guerrière, mais une force de police ; or, à moins de tomber dans une sensiblerie humanitaire maladive, il n'est pas possible, en droit international, comme en droit interne, de nier l'indispensable utilité du gendarme et la nécessité d'armer ce représentant de la loi pour lui permettre, au nom de la société, de réduire les brigands et les assassins à l'impuissance et d'user au besoin contre eux du droit de légitime défense. Mieux vaut donc être réduit parfois à tuer quelques bandits que de laisser ceux-ci égorger les honnêtes gens en toute liberté et impunité.

L'existence d'un pouvoir supérieur fortement constitué et armé est, d'ailleurs, la meilleure garantie qu'on puisse imaginer pour empêcher toute guerre et toute effusion de sang, car chacun sait que pour tous ceux que la crainte de Dieu et la voix de leur conscience ne peuvent arrêter sur la pente du mal, c'est seulement la crainte du gendarme qui est le commencement de la sagesse.

Nous ne mettons donc pas en doute que les amis de la paix, en présence d'un plan d'organisation tel que celui qui a été adopté par nous, ne reconnaissent la nécessité d'un pouvoir international assez puissant pour faire respecter d'un bout à l'autre du monde le droit et la liberté.

IX

DISPOSITIONS TRANSITOIRES

En traitant des réunions et séparations d'États, nous avons déjà commenté le deuxième alinéa des dispositions transitoires; il nous reste à parler du premier.

En stipulant que les nations fixeront elles-mêmes le minimum d'adhésions nécessaire pour l'adoption et le maintien du pacte international, nous faisons une proposition dont les conséquences peuvent être graves.

Il faut espérer que l'entente en faveur de l'arbitrage, de la paix et du désarmement se fera facilement; mais si, malgré tous les efforts prodigués avec une patience persévérante, on se heurte au refus d'un ou de plusieurs peuples dissidents; ou si, plus tard, le retrait de concours d'une ou de plusieurs nations se produit, devra-t-on renoncer au pacte de paix ou faudra-t-il passer outre ?

Ce sera aux nations amies de la paix à examiner la situation et à agir suivant leur volonté et suivant les circonstances ; mais si l'importance numérique des dissidents est faible et si ces derniers ne peuvent être amenés amiablement à se plier à la loi des majorités, nous estimons que les autres peuples seront en droit de leur imposer leur volonté et de se décharger malgré eux du fardeau de la paix armée. Et alors, malheur à la nation qui, ennemie de ses propres intérêts, aura essayé d'entraver la marche du progrès et l'avènement de la paix véritable ; malheur au gouvernement qui aura eu l'imprudence de vouloir résister à l'élan des peuples vers des destinées meilleures, car leur résistance sera brisée ; et, dût une guerre sanglante en résulter, ce ne sera pas acheter trop cher la paix du monde que de faire dans ce but un premier et dernier usage des armes que les peuples ont forgées depuis trente ans.

ANNEXES

ANNEXE A

PROJET RUSSE

Éléments pour l'élaboration d'un projet de convention à conclure entre les Puissances participant à la Conférence de la Haye.

Bons Offices et Médiation.

Article Premier.

A l'effet de prévenir, autant que possible, le recours à la force dans les rapports internationaux, les Puissances signataires sont convenues d'employer tous leurs efforts pour amener, par des moyens pacifiques, la solution des conflits qui pourraient surgir entre elles.

Article 2.

En conséquence, les Puissances signataires ont décidé qu'en cas de dissentiment grave ou de conflit, avant d'en appeler aux armes, elles auront recours, en tant que les circonstances l'admettraient, aux bons offices ou à la médiation d'une ou de plusieurs puissances amies.

ARTICLE 3.

En cas de médiation acceptée spontanément par des États se trouvant en conflit, le but du gouvernement médiateur consiste dans la conciliation des prétentions opposées et dans l'apaisement des ressentiments qui peuvent s'être produits entre ces États.

ARTICLE 4.

Le rôle du gouvernement médiateur cesse du moment que la transaction proposée par lui ou les bases d'une entente amicale qu'il aurait suggérées ne seraient point acceptées par les États en conflit.

ARTICLE 5.

Les Puissances jugent utile que, dans les cas de dissentiment grave ou de conflit entre États civilisés concernant des questions d'intérêt politique. indépendamment du recours que pourraient avoir les puissances en litige aux bons offices ou à la médiation des puissances, non impliquées dans le conflit, ces dernières offrent de leur propre initiative, en tant que les circonstances s'y prêteraient, aux États en litige, leurs bons offices ou leur médiation, afin d'aplanir le différend survenu, en leur proposant une solution amiable qui, sans toucher aux intérêts des autres États, serait de nature à concilier au mieux les intérêts des parties en litige.

Article 6.

Il demeure bien entendu que la médiation et les bons offices, soit sur l'initiative des parties en litige, soit sur celle des puissances neutres, ont strictement le caractère de conseil amical et nullement force obligatoire.

Arbitrage international.

Article 7.

En ce qui regarde les cas de litige se rapportant à des questions de droit et, en premier lieu, à celles qui concernent l'interprétation ou l'application des traités en vigueur, l'arbitrage est reconnu par les puissances signataires comme étant le moyen le plus efficace et en même temps le plus équitable pour le règlement à l'amiable de ces litiges.

ARTICLE 8.

Les puissances contractantes s'engagent par conséquent à recourir à l'arbitrage dans les cas se rapportant à des questions de l'ordre mentionné ci-dessus, en tant que celles-ci ne touchent ni aux intérêts vitaux, ni à l'honneur national des parties en litige.

ARTICLE 9.

Chaque État reste seul juge de la question de savoir si tel ou tel cas doit être soumis à l'arbitrage, excepté ceux énumérés dans l'article suivant et dans lesquels les puissances signataires du présent acte considèrent l'arbitrage comme obligatoire pour elles.

ARTICLE 10.

A partir de la ratification du présent acte par toutes les puissances signataires, l'arbitrage est obligatoire dans les cas suivants, en tant qu'ils ne touchent ni aux intérêts vitaux, ni à l'honneur national des États contractants.

I. En cas de différends ou de contestations se rapportant à des dommages pécuniaires éprouvés par un État ou ses ressortissants, à la suite d'actions illicites ou de négligence d'un autre État ou des ressortissants de ce dernier.

II. En cas de dissentiments se rapportant à l'interprétation ou à l'application des traités et conventions ci-dessous mentionnés :

1° Traités et conventions postales et télégraphiques; de chemins de fer, ainsi qu'ayant trait à la protection des câbles télégraphiques sous-marins; règlements concernant les moyens destinés à prévenir les collisions de navires en pleine mer; conventions relatives à la navigation des fleuves internationaux et canaux interocéaniques.

2° Convention concernant la protection de la propriété littéraire et artistique, ainsi que la propriété industrielle (brevets d'invention, marques de fabrique ou de commerce et nom commercial); conventions monétaires et métriques; conventions sanitaires, vétérinaires et contre le phylloxéra.

3° Convention de succession, de cartel et d'assistance judiciaire mutuelle.

4° Convention de démarcation, en tant qu'elles touchent aux questions purement techniques et non politiques.

ARTICLE 11.

L'énumération des cas mentionnés dans l'article ci-dessus pourra être complétée par des accords subséquents entre les puissances signataires du présent acte.

En outre, chacune d'elles pourra entrer en accord particulier avec une autre puissance, afin de rendre l'arbitrage obligatoire pour les cas susdits avant la ratification générale, ainsi que pour étendre sa compétence à tous les cas qu'elle jugera possible de lui soumettre.

ARTICLE 12.

Pour tous les autres cas de conflits internationaux non mentionnés dans les articles ci-dessus, l'arbitrage, tout en étant certainement très désirable et recommandé par le présent acte, n'est cependant que purement facultatif, c'est-à-dire ne peut être appliqué que sur l'initiative spontanée de l'une des parties en litige et avec le consentement exprès et de plein gré de l'autre ou des autres parties.

ARTICLE 13.

En vue de faciliter le recours à l'arbitrage et son application, les puissances signataires ont consenti à préciser, d'un commun accord, pour les cas d'arbitrage international, les principes fondamentaux à observer pour l'établissement et les règles de procédure à suivre pendant l'instruction du litige et le prononcé de la sentence arbitrale.

L'application de ces principes fondamentaux, ainsi que de la procédure arbitrale indiquée dans l'appendice au présent article, pourrait être modifiée en vertu d'un accord spécial entre les États qui auraient recours à l'arbitrage.

Commissions internationales d'enquête.

ARTICLE 14.

Dans les cas où se produiraient entre les États signataires des divergences d'appréciation par rapport aux circonstances locales ayant donné lieu à un litige d'ordre international qui ne pourrait pas être résolu par les voies diplomatiques ordinaires, mais dans lequel ni l'honneur, ni les intérêts vitaux de ces États ne seraient engagés, les gouvernements intéressés conviennent d'instituer une commission internationale d'enquête, afin de constater les circonstances ayant donné matière au dissentiment et d'éclaircir sur les lieux par un examen impartial et consciencieux toutes les questions de fait.

ARTICLE 15.

Ces commissions internationales sont constituées comme suit : chaque gouvernement intéressé nomme deux membres et les quatre membres réunis choisissent le cinquième membre, qui est, en même temps, le président de la commission. S'il y a partage de voix pour l'élection d'un président, les deux gouvernements intéressés s'adressent, d'un commun accord, soit à un gouvernement tiers, soit à une personne tierce qui nommera le président de la commission.

ARTICLE 16.

Les gouvernements entre lesquels s'est produit un dissentiment grave ou un conflit dans

les conditions indiquées plus haut s'engagent
à fournir à la commission d'enquête tous les
moyens et toutes les facilités nécessaires pour
une étude approfondie et consciencieuse des
faits qui y ont donné matière.

ARTICLE 17.

La commission d'enquête internationale,
après avoir constaté les circonstances dans
lesquelles le dissentiment ou le conflit s'est
produit, présente aux gouvernements intéressés son rapport signé par tous les membres
de la commission.

ARTICLE 18.

Le rapport de la commission d'enquête n'a
nullement le caractère d'une sentence arbitrale ;
il laisse aux gouvernements en conflit entière
faculté soit de conclure un arrangement à
l'amiable sur la base du rapport susmentionné,
soit de recourir à l'arbitrage en concluant un
accord *ad hoc,* soit enfin de recourir aux voies
de fait admises dans les rapports mutuels entre
les nations.

ANNEXE B

—

TEXTE

*adopté par la Conférence de la Haye
en matière d'arbitrage.*

———

Sa Majesté l'Empereur d'Allemagne, roi de
Prusse ; Sa Majesté l'Empereur d'Autriche, roi
de Bohême, etc. et roi apostolique de Hongrie ;
Sa Majesté le Roi des Belges ; Sa Majesté
l'Empereur de Chine ; Sa Majesté le Roi de
Danemark ; Sa Majesté le Roi d'Espagne et en
son nom Sa Majesté la Reine Régente du
Royaume ; Le Président des États-Unis d'Amé-
rique ; Le Président des États-Unis Mexicains ;
Le Président de la République Française ; Sa
Majesté la Reine du Royaume uni de Grande-
Bretagne et d'Irlande, Impératrice des Indes ;
Sa Majesté le Roi des Hellènes ; Sa Majesté le

Roi d'Italie ; Sa Majesté l'Empereur du Japon ; Son Altesse Royale le Grand Duc de Luxembourg, duc de Nassau ; Son Altesse le Prince de Monténégro ; Sa Majesté la Reine des Pays-Bas ; Sa Majesté Impériale le Schah de Perse ; Sa Majesté le Roi de Portugal et des Algarves etc. ; Sa Majesté le Roi de Roumanie ; Sa Majesté l'Empereur de toutes les Russies ; Sa Majesté le Roi de Serbie ; Sa Majesté le Roi de Siam ; Sa Majesté le Roi de Suède et de Norvège ; le Conseil Fédéral Suisse ; Sa Majesté l'Empereur des Ottomans et son Altesse Royale le Prince de Bulgarie ;

Animés de la ferme volonté de concourir au maintien de la paix générale ;

Résolus à favoriser de tous leurs efforts le règlement amiable des conflits internationaux ;

Reconnaissant la solidarité qui unit les membres de la société des nations civilisées ;

Voulant étendre l'empire du droit et fortifier le sentiment de la justice internationale ;

Convaincus que l'institution permanente d'une juridiction arbitrale accessible à tous, au sein des puissances indépendantes, peut contribuer efficacement à ce résultat ;

Considérant les avantages d'une organisation générale et régulière de la procédure arbitrale;

Estimant avec l'auguste initiateur de la Conférence internationale de la paix qu'il importe de consacrer dans un accord international les principes d'équité et de droit sur lesquels reposent la sécurité des États et le bien-être des peuples;

Désirant conclure une convention à cet effet, ont nommé pour leurs plénipotentiaires, etc. :

Lesquels, après s'être communiqué leurs pleins pouvoirs, trouvés en bonne et due forme, sont convenus des dispositions suivantes :

TITRE I

Du maintien de la Paix générale.

ARTICLE 1.

En vue de prévenir autant que possible le recours à la force dans les rapports entre les États, les Puissances signataires conviennent d'employer tous leurs efforts pour assurer le règlement pacifique des différends internationaux.

TITRE II

Des bons Offices et de la Médiation.

ARTICLE 2.

En cas de dissentiment grave ou de conflit, avant d'en appeler aux armes, les Puissances signataires conviennent d'avoir recours, en tant que les circonstances le permettront, aux bons offices ou à la médiation d'une ou de plusieurs puissances amies.

ARTICLE 3.

Indépendamment de ce recours, les Puissances signataires jugent utile qu'une ou plusieurs puissances étrangères au conflit offrent de leur propre initiative, en tant que les circonstances s'y prêtent, leurs bons offices ou leur médiation aux États en conflit.

Le droit d'offrir les bons offices ou la médiation appartient aux puissances étrangères au conflit même pendant le cours des hostilités.

L'exercice de ce droit ne peut jamais être considéré par l'une ou l'autre des parties en litige comme un acte peu amical.

Article 4.

Le rôle du médiateur consiste à concilier les prétentions opposées et à apaiser les ressentiments qui peuvent s'être produits entre les États en conflit.

Article 5.

Les fonctions du médiateur cessent du moment où il est constaté, soit par l'une des parties en litige, soit par le médiateur lui-même, que les moyens de conciliation proposés par lui ne sont pas acceptés.

Article 6.

Les bons offices et la médiation, soit sur le recours des parties en conflit, soit sur l'initiative des puissances étrangères au conflit, ont exclusivement le caractère de conseil et n'ont jamais force obligatoire.

Article 7.

L'acceptation de la médiation ne peut avoir pour effet, sauf convention contraire, d'interrompre, de retarder ou d'entraver la mobilisation et autres mesures préparatoires à la guerre.

Si elle intervient après l'ouverture des hostilités, elle n'interrompt pas, sauf convention contraire, les opérations militaires en cours.

ARTICLE 8.

Les puissances signataires sont d'accord pour recommander l'application, dans les circonstances qui le permettent, d'une médiation spéciale sous la forme suivante :

En cas de différend grave compromettant la paix, les États en conflit choisissent respectivement une puissance à laquelle ils confient la mission d'entrer en rapport direct avec la puissance choisie d'autre part, à l'effet de prévenir la rupture des relations pacifiques.

Pendant la durée de ce mandat dont le terme, sauf stipulation contraire, ne peut excéder trente jours, les États en litige cessent tout rapport direct au sujet du conflit, lequel est considéré comme déféré exclusivement aux puissances médiatrices. Celles-ci doivent appliquer tous leurs efforts à régler le différend.

En cas de rupture effective des relations pacifiques, ces puissances demeurent chargées de la mission commune de profiter de toute occasion pour rétablir la paix.

TITRE III

Des Commissions internationales d'enquête.

ARTICLE 9.

Dans les litiges d'ordre international n'engageant ni l'honneur ni des intérêts essentiels et provenant d'une divergence d'appréciation sur des points de fait, les puissances signataires jugent utile que les parties qui n'auraient pu se mettre d'accord par les voies diplomatiques instituent, en tant que les circonstances le permettront, une Commission internationale d'enquête chargée de faciliter la solution de ces litiges en éclaircissant, par un examen impartial et consciencieux, les questions de fait.

ARTICLE 10.

Les Commissions internationales d'enquête sont constituées par convention spéciale entre les parties en litige.

La convention d'enquête précise les faits à examiner et l'étendue des pouvoirs des commissaires.

Elle règle la procédure.

L'enquête a lieu contradictoirement.

La forme et les délais à observer, en tant qu'ils ne sont pas fixés par la convention d'enquête, sont déterminés par la Commission elle-même.

ARTICLE 11.

Les Commissions internationales d'enquête sont formées, sauf stipulation contraire, de la manière déterminée par l'article 32 de la présente convention.

ARTICLE 12.

Les puissances en litige s'engagent à fournir à la Commission internationale d'enquête, dans la plus large mesure qu'elles jugeront possible, tous les moyens et toutes les facilités nécessaires pour la connaissance complète et l'appréciation exacte des faits en question.

ARTICLE 13.

La Commission internationale d'enquête présente aux puissances en litige son rapport signé par tous les membres de la Commission.

ARTICLE 14.

Le rapport de la Commission internationale d'enquête, limité à la constatation des faits, n'a nullement le caractère d'une sentence arbitrale. Il laisse aux puissances en litige une entière liberté pour la suite à donner à cette constatation.

TITRE IV

De l'Arbitrage international.

CHAPITRE I. — *De la Justice arbitrale.*

ARTICLE 15.

L'arbitrage international a pour objet le règlement de litiges entre les États par des juges de leur choix et sur la base du respect du droit.

ARTICLE 16.

Dans les questions d'ordre juridique, et en premier lieu dans les questions d'interprétation ou d'application des conventions internationales, l'arbitrage est reconnu par les puissances signataires comme le moyen le plus efficace et

en même temps le plus équitable de régler les
litiges qui n'ont pas été résolus par les voies
diplomatiques.

ARTICLE 17.

La convention d'arbitrage est conclue pour
des contestations déjà nées ou pour des contestations éventuelles.

Elle peut concerner tout litige ou seulement
les litiges d'une catégorie déterminée.

ARTICLE 18.

La convention d'arbitrage implique l'engagement de se soumettre de bonne foi à la
sentence arbitrale.

ARTICLE 19.

Indépendamment des traités généraux ou
particuliers qui stipulent actuellement l'obligation de recours à l'arbitrage pour les puissances
signataires, ces Puissances se réservent de conclure, soit avant la ratification du présent acte,
soit postérieurement, des accords nouveaux,
généraux ou particuliers, en vue d'étendre
l'arbitrage obligatoire à tous les cas qu'elles
jugeront possible de lui soumettre.

Chapitre II. — *De la Cour permanente d'arbitrage.*

Article 20.

Dans le but de faciliter le recours immédiat à l'arbitrage pour les différends internationaux qui n'ont pu être réglés par la voie diplomatique, les Puissances signataires s'engagent à organiser une Cour permanente d'arbitrage, accessible en tout temps et fonctionnant, sauf stipulation contraire des parties, conformément aux règles de procédure insérées dans la présente convention.

Article 21.

La Cour permanente sera compétente pour tous les cas d'arbitrage, à moins qu'il n'y ait entente entre les parties pour l'établissement d'une juridiction spéciale.

Article 22.

Un bureau international établi à la Haye sert de greffe à la Cour.

Ce bureau est l'intermédiaire des communications relatives aux réunions de celle-ci.

Il a la garde des archives et la gestion de toutes les affaires administratives.

Les Puissances signataires s'engagent à communiquer au bureau international de la Haye une copie certifiée conforme de toute stipulation d'arbitrage intervenue entre elles et de toute sentence arbitrale les concernant et rendues par des juridictions spéciales.

Elles s'engagent à communiquer de même au bureau les lois, règlements et documents constatant éventuellement l'exécution des sentences rendues par la Cour.

<h3 style="text-align:center">Article 23.</h3>

Chaque Puissance signataire désignera, dans les trois mois qui suivront la ratification par elle du présent acte, quatre personnes au plus, d'une compétence reconnue dans les questions de droit international, jouissant de la plus haute considération morale et disposées à accepter les fonctions d'arbitres.

Les personnes ainsi désignées seront inscrites, au titre de membres de la Cour, sur une liste qui sera notifiée à toutes les puissances signataires par les soins du bureau.

Toute modification à la liste des arbitres est portée par les soins du bureau à la connaissance des Puissances signataires.

Deux ou plusieurs Puissances peuvent s'entendre pour la désignation en commun d'un ou de plusieurs membres.

La même personne peut être désignée par des Puissances différentes.

Les membres de la Cour sont nommés pour un terme de six ans. Leur mandat peut être renouvelé.

En cas de décès ou de retraite d'un membre de la Cour, il est pourvu à son remplacement selon le mode fixé pour sa nomination.

ARTICLE 24.

Lorsque les Puissances signataires veulent s'adresser à la Cour permanente pour le règlement d'un différend survenu entre elles, le choix des arbitres appelés à former le tribunal compétent pour statuer sur ce différend, doit être fait dans la liste générale des membres de la Cour.

A défaut de constitution du tribunal arbitral par l'accord immédiat des parties, il est procédé de la manière suivante :

13

Chaque partie nomme deux arbitres et ceux-ci choisissent ensemble un surarbitre.

En cas de partage des voix, le choix du surarbitre est confié à une Puissance tierce désignée de commun accord par les parties.

Si l'accord ne s'établit pas à ce sujet, chaque partie désigne une Puissance différente et le choix du surarbitre est fait de concert par les Puissances ainsi désignées.

Le tribunal étant ainsi composé, les parties notifient au bureau leur décision de s'adresser à la Cour et les noms des arbitres.

Le tribunal arbitral se réunit à la date fixée par les parties.

Les membres de la Cour, dans l'exercice de leurs fonctions et en dehors de leur pays, jouissent des privilèges et immunités diplomatiques.

ARTICLE 25.

Le tribunal arbitral siège d'ordinaire à la Haye.

Le siège ne peut, sauf le cas de force majeure, être changé par le tribunal que de l'assentiment des parties.

Article 26.

Le bureau international de la Haye est autorisé à mettre ses locaux et son organisation à la disposition des Puissances signataires pour le fonctionnement de toute juridiction spéciale d'arbitrage.

La juridiction de la Cour permanente peut être étendue, dans les conditions prescrites par les règlements, aux litiges existant entre des Puissances non signataires ou entre des Puissances signataires et des Puissances non signataires, si les parties sont convenues de recourir à cette juridiction.

Article 27.

Les Puissances signataires considèrent comme un devoir, dans le cas où un conflit aigu menacerait d'éclater entre deux ou plusieurs d'entre elles, de rappeler à celles-ci que la Cour permanente leur est ouverte.

En conséquence, elles déclarent que le fait de rappeler aux parties en conflit les dispositions de la présente convention, et le conseil donné, dans l'intérêt supérieur de la paix, de s'adresser à la Cour permanente, ne peuvent être considérés que comme actes de bons offices.

ARTICLE 28.

Un Conseil administratif permanent composé des représentants diplomatiques des Puissances signataires accrédités à la Haye et du ministre des affaires étrangères des Pays-Bas, qui remplira les fonctions de Président, sera constitué dans cette ville le plus tôt possible après la ratification du présent acte par neuf Puissances au moins.

Ce Conseil sera chargé d'établir et d'organiser le bureau international, lequel demeurera sous sa direction et sous son contrôle.

Il notifiera aux Puissances la constitution de la Cour et pourvoira à l'installation de celle-ci.

Il arrêtera son règlement d'ordre ainsi que tous autres règlements nécessaires.

Il décidera toutes les questions administratives qui pourraient surgir touchant le fonctionnement de la Cour.

Il aura tout pouvoir quant à la nomination, la suspension ou la révocation des fonctionnaires et employés du bureau.

Il fixera les traitements et salaires et contrôlera la dépense générale.

La présence de cinq membres dans les réunions dûment convoquées suffit pour permettre au Conseil de délibérer valablement. Les décisions sont prises à la majorité des voix.

Le Conseil communique sans délai aux Puissances signataires les règlements adoptés par lui. Il leur adresse chaque année un rapport sur les travaux de la Cour, sur le fonctionnement des services administratifs et sur les dépenses.

ARTICLE 29.

Les frais de bureau seront supportés par les Puissances signataires dans la proportion établie pour le bureau international de l'Union postale universelle.

CHAPITRE III. — *De la Procédure arbitrale.*

ARTICLE 30.

En vue de favoriser le développement de l'arbitrage, les Puissances signataires ont arrêté les règles suivantes qui seront applicables à la procédure arbitrale, en tant que les parties ne sont pas convenues d'autres règles.

ARTICLE 31.

Les Puissances qui recourent à l'arbitrage signent un acte spécial (compromis) dans lequel sont nettement déterminés l'objet du litige ainsi que l'étendue des pouvoirs des arbitres. Cet acte implique l'engagement des parties de se soumettre de bonne foi à la sentence arbitrale.

ARTICLE 32.

Les fonctions arbitrales peuvent être conférées à un arbitre unique ou à plusieurs arbitres désignés par les parties à leur gré, ou choisis par elles parmi les membres de la Cour permanente d'arbitrage établie par le présent acte.

A défaut de constitution du tribunal par l'accord immédiat des parties, il est procédé de la manière suivante :

Chaque partie nomme deux arbitres et ceux-ci choisissent ensemble un surarbitre.

En cas de partage des voix, le choix du surarbitre est confié à une Puissance tierce, désignée de commun accord par les parties.

Si l'accord ne s'établit pas à ce sujet, chaque partie désigne une Puissance différente et le choix du surarbitre est fait de concert par les Puissances ainsi désignées.

ARTICLE 33.

Lorsqu'un souverain ou un chef d'État est choisi pour arbitre, la procédure arbitrale est réglée par lui.

ARTICLE 34.

Le surarbitre est de droit président du tribunal.

Lorsque le tribunal ne comprend pas de surarbitre, il nomme lui-même son président.

ARTICLE 35.

En cas de décès, de démission ou d'empêchement, pour quelque cause que ce soit, de l'un des arbitres, il est pourvu à son remplacement selon le mode fixé pour sa nomination.

ARTICLE 36.

Le siège du tribunal est désigné par les parties. A défaut de cette désignation le tribunal siège à la Haye.

Le siège ainsi fixé ne peut, sauf le cas de force majeure, être changé par le tribunal que de l'assentiment des parties.

ARTICLE 37.

Les parties ont le droit de nommer auprès du tribunal des délégués ou agents spéciaux avec la mission de servir d'intermédiaires entre elles et le tribunal.

Elles sont en outre autorisées à charger de la défense de leurs droits et intérêts, devant le tribunal, des conseils ou avocats nommés par elles à cet effet.

ARTICLE 38.

Le tribunal décide du choix des langues dont il fera usage et dont l'emploi sera autorisé devant lui.

ARTICLE 39.

La procédure arbitrale comprend en règle générale deux phases distinctes : l'instruction, et les débats.

L'instruction consiste dans la communication faite par les agents respectifs, aux membres du tribunal et à la partie adverse, de tous actes imprimés ou écrits et de tous documents contenant les moyens invoqués dans la cause. Cette communication aura lieu dans la forme et dans les délais déterminés par le tribunal en vertu de l'article 49.

Les débats consistent dans le développement oral des moyens des parties devant le tribunal.

Article 40.

Toute pièce produite par l'une des parties doit être communiquée à l'autre partie.

Article 41.

Les débats sont dirigés par le président.

Ils ne sont publics qu'en vertu d'une décision du tribunal prise avec l'assentiment des parties.

Ils sont consignés dans des procès-verbaux rédigés par des secrétaires que nomme le président. Ces procès-verbaux ont seuls un caractère authentique.

Article 42.

L'instruction étant close, le tribunal a le droit d'écarter du débat tous actes ou documents nouveaux qu'une des parties voudrait lui soumettre sans le consentement de l'autre.

ARTICLE 43.

Le tribunal demeure libre de prendre en considération les actes ou documents nouveaux sur lesquels les agents ou conseils des parties appelleraient son attention.

En ce cas le tribunal a le droit de requérir la production de ces actes ou documents, sauf l'obligation d'en donner connaissance à la partie adverse.

ARTICLE 44.

Le tribunal peut, en outre, requérir des agents des parties la production de tous actes et demander toutes explications nécessaires. En cas de refus, le tribunal en prend acte.

ARTICLE 45.

Les agents et les conseils des parties sont autorisés à présenter oralement au tribunal tous les moyens qu'ils jugent utiles à la défense de leur cause.

ARTICLE 46.

Ils ont le droit de soulever des exceptions et

incidents. Les décisions du tribunal sur ces points sont définitives et ne peuvent donner lieu à aucune discussion ultérieure.

ARTICLE 47.

Les membres du tribunal ont le droit de poser des questions aux agents et aux conseils des parties et de leur demander des éclaircissements sur les points douteux.

Ni les questions posées, ni les observations faites par les membres du tribunal pendant le cours des débats ne peuvent être regardées comme l'expression des opinions du tribunal en général ou de ses membres en particulier.

ARTICLE 48.

Le tribunal est autorisé à déterminer sa compétence en interprétant le compromis ainsi que les autres traités qui peuvent être invoqués dans la matière et en appliquant les principes du droit international.

ARTICLE 49.

Le tribunal a le droit de rendre des ordonnances de procédure pour la direction du procès, de déterminer les formes et délais dans lesquels chaque partie devra prendre ses conclusions et de procéder à toutes les formalités que comporte l'administration des preuves.

ARTICLE 50.

Les agents et les conseils des parties ayant présenté tous les éclaircissements et preuves à l'appui de leur cause, le président prononce la clôture des débats.

ARTICLE 51.

Les délibérations du tribunal ont lieu à huis clos.

Toute décision est prise à la majorité des membres du tribunal.

Le refus d'un membre de prendre part au vote doit être constaté dans le procès-verbal.

ARTICLE 52.

La sentence arbitrale, votée à la majorité des voix, est motivée. Elle est rédigée par écrit et signée par chacun des membres du tribunal.

Ceux des membres qui sont restés en mino-

rité peuvent constater en signant leur dissentiment.

ARTICLE 53.

La sentence arbitrale est lue en séance
publique du tribunal, les agents et les conseils
des parties présents ou dûment appelés.

ARTICLE 54.

La sentence arbitrale, dûment prononcée et
notifiée aux agents des parties en litige, décide
définitivement et sans appel la contestation.

ARTICLE 55.

Les parties peuvent se réserver dans le compromis de demander la révision de la sentence
arbitrale.

Dans ce cas et sauf convention contraire, la
demande doit être adressée au tribunal qui a
rendu la sentence. Elle ne peut être motivée
que par la découverte d'un fait nouveau qui
eût été de nature à exercer une influence déci-
sive sur la sentence et qui, lors de la clôture
des débats, était inconnu du tribunal lui-même
et de la partie qui a demandé la révision.

La procédure de révision ne peut être ouverte

que par une décision du tribunal constatant expressément l'existence du fait nouveau, lui reconnaissant les caractères prévus par le paragraphe précédent et déclarant, à ce titre, la demande recevable.

Le compromis détermine le délai dans lequel la demande de révision doit être formée.

ARTICLE 56.

La sentence arbitrale n'est obligatoire que pour les parties qui ont conclu le compromis.

Lorsqu'il s'agit de l'interprétation d'une convention à laquelle ont participé d'autres puissances que les parties en litige, celles-ci notifient aux premières le compromis qu'elles ont conclu. Chacune de ces puissances a le droit d'intervenir au procès. Si une ou plusieurs d'entre elles ont profité de cette faculté, l'interprétation contenue dans la sentence est également obligatoire à leur égard.

ARTICLE 57.

Chaque partie supporte ses propres frais et une part égale des frais du tribunal.

Dispositions générales.

ARTICLE 58.

La présente convention sera ratifiée dans le plus bref délai possible.

Les ratifications seront déposées à la Haye.

Il sera dressé du dépôt de chaque ratification un procès-verbal dont une copie, certifiée conforme, sera remise par la voie diplomatique à toutes les Puissances qui ont été représentées à la Conférence internationale de la paix de la Haye.

ARTICLE 59.

Les Puissances non signataires qui ont été représentées à la Conférence internationale de la paix pourront adhérer à la présente convention. Elles auront, à cet effet, à faire connaître leur adhésion aux Puissances contractantes au moyen d'une notification écrite adressée au gouvernement des Pays-Bas et communiquée par celui-ci à toutes les autres puissances contractantes.

ARTICLE 60.

Les conditions auxquelles les Puissances qui

n'ont pas été représentées à la Conférence internationale de la paix pourront adhérer à la présente convention formeront l'objet d'une entente ultérieure avec les Puissances contractantes.

ARTICLE 61.

S'il arrivait qu'une des hautes parties contractantes dénonçât la présente convention, cette dénonciation ne produirait ses effets qu'un an après la notification faite par écrit au gouvernement des Pays-Bas et communiquée immédiatement par celui-ci à toutes les autres Puissances contractantes.

Cette dénonciation ne produira ses effets qu'à l'égard de la Puissance qui l'aura notifiée.

En foi de quoi les plénipotentiaires ont signé la présente convention et l'ont revêtue de leurs cachets.

Librairie GUILLAUMIN et Cie

14, rue de Richelieu, PARIS

EXTRAIT DU CATALOGUE

Le Droit international codifié, par Bluntschli, professeur
ordinaire à l'Université de Heidelberg, traduit de l'allemand par
M. Lardy, docteur en droit, précédé d'une Biographie de l'auteur,
par Alphonse Rivier, 5ᵉ édition, 1 vol. in-8º, prix. ..... **10** fr.

Le Droit public général, par le même, traduit de l'allemand et
précédé d'une préface par M. Armand de Riedmatten, docteur en
droit, 2ᵉ édition, 1 vol. in-8º, prix... .... **8** fr.

La Politique, par le même, traduit de l'allemand et précédé d'une
préface par M. Armand de Riedmatten, 2ᵉ édition, 1 vol. in 8º,
prix.... . ... **8** fr.

Théorie générale de l'État, par le même, traduit de l'allemand
et précédé d'une préface par M. Armand de Riedmatten, docteur
en droit, 3ᵉ édition, 1 vol. in-8º, prix .... **9** fr.

Droit politique contemporain, par le vicomte Combes de
Lestrade, 1 vol. gr. in-8º, prix..................... **12** fr.

L'État moderne et ses fonctions, par Paul Leroy-Beaulieu,
membre de l'Institut, 3ᵉ édition, revue et augmentée, 1 vol. in-8º,
prix .... **9** fr.

Le Gouvernement représentatif, par John-Stuart Mill,
traduit et précédé d'une introduction par M. Dupont-White,
3ᵉ édition, 1 vol. in-18, prix..................... **4** fr.

**Des formes de Gouvernement et des lois qui les
régissent,** par M. Hᵗᵉ Passy, membre de l'Institut, 2ᵉ édition,
1 vol. in-8º, prix.................................. **7** fr. **50**

Précis du Droit des Gens moderne de l'Europe,
par M. G.-F. de Martens, nouvelle édition, accompagnée de notes,
précédée d'une introduction, par M. Ch. Vergé, membre de l'Institut, 2 vol. in-8º, prix .... **7** fr.

Le même, 2 vol. in-18, prix...................... **4** fr.

Le Droit de la Guerre et de la Paix, par Hugo Grotius,
traduction nouvelle par M. Pradier Fodéré, avocat, 3 vol. in-8º,
prix... **12** fr. **50**

Le même, 3 vol. in-18, prix...................... **7** fr. **50**

Imp. Fr. Simon, Rennes (3232-03).